अल्बैर कामू

अल्बैर कामू का जन्म 7 नवम्बर, 1913 को फ्रांस के तत्कालीन उपनिवेश अल्जीरिया (अफ्रीका) के मोन्दोवी शहर में हुआ था। बचपन गरीबी में बीता। दर्शनशास्त्र में उच्च शिक्षा हासिल की। कुछ समय के लिए अल्जीरिया की कम्युनिस्ट पार्टी से जुड़े। किशोरावस्था से ही तपेदिक की चपेट में रहे। आजीविका के लिए तरह-तरह का काम किया। 1943 में पेरिस चले गए। विश्वयुद्धों के दौरान फ्रांस पर जर्मन कब्जे के खिलाफ 'काम्बेट' नामक पत्र निकाला। कुछ पत्रों का सम्पादन भी किया। यूनानी दर्शन, ईसाइयत तथा अल्जीरिया और यूरोप की संस्कृति से गहरे प्रभावित रहे। अपने लेखन में अधर्म, नास्तिकता, मृत्यु और मानवीय कष्टों का अपूर्व चित्रण किया।

उन्हें 1957 में साहित्य का *नोबेल पुरस्कार* प्रदान किया गया।

उनकी प्रमुख कृतियाँ हैं—'प्लेग', 'पतन', 'अजनबी', 'सुखी मृत्यु', 'पहला आदमी' (उपन्यास); 'निर्वासन और आधिपत्य' (कहानी-संग्रह); 'कालिगुला', 'न्यायप्रिय', 'अर्थदोष' (नाटक); 'सही पक्ष और गलत पक्ष', 'सिसिफ़स का मिथक', 'विद्रोह' (निबन्ध)।

4 जनवरी, 1960 को विलेब्लेविन (फ्रांस) में कार दुर्घटना में उनका निधन हो गया।

शरद चन्द्रा

फ्रांसीसी भाषा-साहित्य की विद्वान शरद चन्द्रा का जन्म 2 जनवरी, 1943 को जयपुर, राजस्थान में हुआ। उन्होंने दिल्ली, राजस्थान और नाइजीरिया के विश्वविद्यालयों एवं इग्नू में अध्यापन किया। कहानी, कविता, निबन्ध आदि विधाओं में अंग्रेजी और हिन्दी में उनकी कई किताबें प्रकाशित हैं। उन्होंने अल्बैर कामू की सात किताबों के अलावा फर्नांदो पैसोआ, ज्याँ-पाल सार्त्र, अतिक रहिमी, अमीन मालूफ आदि की रचनाओं के अनुवाद किए हैं।

ई-मेल : sharadchandra2006@yahoo.com

राजकमल से प्रकाशित
लेखक की किताबें

उपन्यास

अजनबी
प्लेग
पतन
सुखी मृत्यु
पहला आदमी

कहानी

निर्वासन और आधिपत्य

नाटक

अर्थदोष
कालिगुला
न्यायप्रिय

अजनबी

अल्बैर कामू

अनुवाद

शरद चन्द्रा

राजकमल पेपरबैक्स

यह नाटक सर्वप्रथम फ्रेंच में Le Malentendu नाम से 1944 में प्रकाशित हुआ

राजकमल पेपरबैक्स में
पहला संस्करण : 2023

राजकमल पेपरबैक्स : उत्कृष्ट साहित्य के जनसुलभ संस्करण

राजकमल प्रकाशन प्रा. लि.
1-बी, नेताजी सुभाष मार्ग, दरियागंज
नई दिल्ली-110 002
द्वारा प्रकाशित

शाखाएँ : अशोक राजपथ, साइंस कॉलेज के सामने, पटना-800 006
पहली मंजिल, दरबारी बिल्डिंग, महात्मा गांधी मार्ग, प्रयागराज-211 001
1, अनमोल सोराबजी संतुक लेन, धोबी तलाव, मरीन लाइंस, मुम्बई-400 002

वेबसाइट : www.rajkamalprakashan.com
ई-मेल : info@rajkamalprakashan.com

विकास कम्प्यूटर एंड प्रिंटर्स
ट्रॉनिका सिटी-201 102
द्वारा मुद्रित

मूल्य : ₹199

ARTHDOSH
Play by Albert Camus
Translated by Sharad Chandra

ISBN : 978-81-19835-02-7

निवेदन

'कालिगुला' और 'न्यायप्रिय' के बाद कामू का तीसरा नाटक 'अर्थदोष' प्रकाशित होने जा रहा है। इस कृति को हिन्दी-जगत के सामने रखने में मेरा योगदान उलथा मात्र है। इस सन्दर्भ में सिर्फ इतना कहूँगी कि समय के साथ-साथ मूल लेखक और उसके कृतित्व के प्रति मेरी श्रद्धा और बढ़ी है और यह प्रयास भी मैंने उसी निष्ठा से किया है, जिससे पहले दोनों नाटकों पर काम किया था।

कामू ने जीवन की निस्सारता, अर्थहीनता और बेतुकेपन से क्षुब्ध मानव की असहाय स्थिति को उभारने के विशेष उद्देश्य से नाटक लिखे थे। इसीलिए उनके नाटक दर्शन और बौद्धिक चिन्तन की दृष्टि से विशेष सफल रहे। 'अर्थदोष' में उन्होंने पीड़ा, त्रास, अलगाव और तर्कहीन मृत्यु से घिरे मानव की विपुल आकांक्षाओं तथा इस निरर्थक और प्रयोजनहीन जगत की विभिन्न स्थितियों के बीच की खाई, और इस विशेष परिस्थिति से उत्पन्न हुई उसकी विवशता और अजनबीपन का बहुत ही मार्मिक चित्रण किया है।

अर्थदोष

हमेशा की ही तरह, लेकिन और गहराई से एक बार फिर अपनी कृतज्ञता स्वीकार करना चाहती हूँ कामू की पुत्री सुश्री कैथरीन कामू, गॉलीमार प्रकाशन, पेरिस की श्रीमती आनिया शिवालियर, राजकमल प्रकाशन, नई दिल्ली के श्री मोहन गुप्त, और नई दिल्ली स्थित फ्रांसीसी दूतावास के श्री राजेश शर्मा के प्रति जिनके स्नेहपूर्ण समर्थन में मेरी योजना को संरक्षण मिला। श्री रामकुमार कृषक के प्रति आभारी हूँ उनके आत्मीयतापूर्ण पांडुलिपि-सम्पादन के लिए और श्रीमती कृष्णा सेन और श्री लक्ष्मी नारायण मलिक के प्रति, हर उस सहायता के लिए जो कहीं उपलब्ध न हो सके। और जवाहरलाल नेहरू विश्वविद्यालय के पुस्तकालय के प्रति अनुग्रहीत हूँ उस योगदान के लिए जो अप्रत्यक्ष होते हुए भी मेरे लिए अत्यन्त महत्त्वपूर्ण है।

नई दिल्ली

—शरद चंद्रा

अर्थदोष

पात्र-परिचय

मार्था : जान की बहन, आयु करीब 30 वर्ष।
मारिया : जान की पत्नी, आयु 30 वर्ष।
जान : पुत्र, आयु 38 वर्ष।
माँ : आयु 60 वर्ष।
: और एक वृद्ध सेवक।

अंक पहला

दृश्य : एक

[दोपहर का समय, एक सराय की बैठक साफ-सुथरी और प्रकाशित। सब कुछ अच्छी तरह सँवारा हुआ।]

माँ : वह वापस आएगा।

मार्था : उसने तुमसे यह कहा था?

माँ : हाँ! तुम्हारे जाने के बाद।

मार्था : वह अकेला वापस आएगा?

माँ : यह मैं नहीं जानती।

मार्था : क्या वह धनवान है?

माँ : भाड़ा सुनकर वह परेशान तो नहीं हुआ था।

मार्था : अगर पैसेवाला है तो बहुत खूब। लेकिन यह भी जरूरी है कि वह अकेला हो।

माँ : *(शिथिलता से)* अकेला और पैसेवाला, हाँ। और अब हमें फिर नए सिरे से शुरू करना पड़ेगा।

मार्था : हमें सब कुछ दुबारा तो जरूर करना पड़ेगा, लेकिन अपनी मेहनत का फल भी तो मिलेगा। *(कुछ देर के लिए खामोशी। अपनी माँ की ओर देखते हुए)* माँ, तुम भी बहुत अजीब हो। कुछ दिनों से मैं तुम्हें समझ नहीं पा रही हूँ।

माँ : मैं बहुत थक गई हूँ मेरी बेटी, और कुछ बात नहीं है। मैं आराम करना चाहती हूँ।

मार्था : सराय में जो काम तुम्हारा अभी बाकी है, उसे मैं कर लूँगी। इससे तुम्हें पूरा दिन मिल जाया करेगा।

माँ : मेरा मतलब इस आराम से नहीं है! नहीं, यह तो एक बूढ़ी औरत का सपना है। मैं तो सिर्फ शान्ति चाहती हूँ और थोड़ी-सी बेफिक्री। *(निर्बलता से हँसती है)* यह कहने में शायद कुछ बेतुका लगता है, लेकिन किसी-किसी शाम को मुझे पूजा करने की इच्छा हो आती है।

मार्था : तुम अभी इतनी बूढ़ी नहीं हुईं माँ कि वहाँ तक पहुँचने की जरूरत हो। तुम्हारे पास और बहुत-से बेहतर काम हैं करने को।

माँ : तू तो जानती है कि मैं मजाक कर रही थी। फिर भी जिन्दगी के आखिरी सालों में हमें ये चिन्ताएँ छोड़ देनी चाहिए। हम अपने आपको सदैव इतना निष्ठुर और सख्त नहीं बना सकते, जितना कि तुम कोशिश करती हो, मार्था! यह तुम्हारी उम्र के हिसाब में भी ज्यादा है। मैं उन बहुत-सी लड़कियों को जानती हूँ

जो उसी साल पैदा हुईं, जिस साल तुम—और वे सिवाय अपने शौक और मंसूबे के और कुछ नहीं देखतीं।

मार्था : तुम तो जानती हो, उनके शौक और मंसूबे हमारे शौक और मंसूबों के सामने कुछ भी नहीं।

माँ : छोड़ो यह किस्सा।

मार्था : *(रुक-रुककर)* कोई कहेगा कि बात करने से भी तुम्हारा मुँह जलता है।

माँ : उससे तुम्हें क्या फरक पड़ सकता है, जब मैं सामने आए काम से नहीं कतराती? तुम्हारे लिए इस सबका महत्त्व ही क्या है? मैं तो सिर्फ यह कहना चाहती थी कि कभी-कभी तुम मुस्करा भी लिया करो।

मार्था : मैं तो मुस्कराती हूँ माँ, मैं सच कह रही हूँ।

माँ : मैंने तो कभी नहीं देखा।

मार्था : वह इसलिए कि मैं अपने कमरे में मुस्काती हूँ, जब अकेली होती हूँ।

माँ : *(उसे ध्यान से देखते हुए)* कितना कठोर चेहरा है तुम्हारा, मार्था?

मार्था : *(पास आते हुए शान्तिपूर्वक)* तुम्हें अब यह पसन्द नहीं है?

माँ : *(कुछ देर उसके चेहरे पर चुपचाप नजर गड़ाए रखकर)* नहीं, पसन्द तो फिर भी है।

मार्था : *(भावावेग में)* ओ, माँ, जब हम बहुत-सा धन इकट्ठा कर लेंगे, और यह क्षितिजविहीन प्रदेश छोड़ने के

योग्य होंगे, जब हम यह सराय और यह बरसाती कस्बा अपने पीछे छोड़ देंगे, और जब इस अँधेरी जगह को भूल जाएँगे, और उस दिन जब हम समुद्र के समीप होंगे, जिसके मैं इतने सपने देखती हूँ उसी दिन तुम मुझे मुस्कराते देखोगी। लेकिन समुद्र किनारे आजादी से रहने के लिए बहुत धन चाहिए। बातें करने से हमें डरना नहीं चाहिए। इसी कारण, जो भी यहाँ आने को मजबूर हो, हमें उस पर नजर रखनी चाहिए। अगर वह बहुत धनी है तो सम्भव है मेरी आजादी इसी के साथ शुरू हो जाए। वह तो तुमसे देर तक बात करता रहा है?

माँ : नहीं, कुल दो शब्द।

मार्था : जब उसने तुमसे अपने लिए कमरा माँगा, तब वह कैसा लग रहा था?

माँ : मुझे नहीं मालूम। मुझे वैसे ही कम दिखता है और मैंने उसे ध्यान से देखा भी नहीं। मेरा तजुर्बा है कि इन लोगों को ध्यान से न देखो तो ही अच्छा रहता है। जिसे हम जानते न हों, मारना आसान रहता है। *(कुछ देर मौन)* खुश हो जा, अब मुझे बातें करने में डर नहीं लग रहा।

मार्था : यह बेहतर है। खुसुर-पुसुर मुझे पसन्द नहीं। अपराध तो अपराध है। हमें मालूम होना चाहिए कि हम क्या चाहते हैं। मुझे लगता है तुम्हें यह मालूम था, तुमने इस बारे में सोचा था, अभी कुछ समय पहले

जब तुम उस मुसाफिर की किसी बात का जवाब दे रही थीं।

माँ : मैंने कुछ नहीं सोचा था, मैंने तो उसे अपनी आदत के अनुसार जवाब दे दिया था।

मार्था : आदत? तुम तो जानती हो हमें कितने कम मौके मिले हैं?

माँ : बेशक! लेकिन दूसरी बार अपराध करते ही आदत बननी शुरू हो जाती है। पहली बार कुछ शुरू नहीं होता, वास्तव में कोई चीज खत्म होती है। और फिर अगर मौके इतने कम होते तो वे अनेक वर्षों में बँट जाते। और आमतौर पर पुरानी यादों में आदत मजबूत ही होती है। हाँ, मेरी आदत ने ही मुझे जवाब देने के लिए उकसाया, उसे ध्यान से न देखने की चेतावनी दी, और मुझे विश्वास दिलाया कि वह आदमी जाल में फँसा शिकार लग रहा है।

मार्था : माँ, उसे मारना बहुत जरूरी है।

माँ : *(नीची आवाज में)* बेशक उसे मारना जरूरी है।

मार्था : यह तुम बड़े अजीब तरीके से कह रही हो।

माँ : मैं थक चुकी हूँ, सचमुच, और मैं चाहूँगी कि कम-से-कम ये मौत आखिरी हो। जान लेना बहुत ही तकलीफदेह होता है। मुझे समुद्र किनारे या जमीन के बीच मरने की इतनी चिन्ता नहीं है, जितनी यह कि यहाँ से हम साथ-साथ निकल चलें।

मार्था : जरूर निकल चलेंगे और वह बेहद महत्त्वपूर्ण क्षण होगा। हौसला रखो माँ, काम बहुत कम रह गया है। तुम जानती हो, इसमें जानने की तो कोई बात ही नहीं है। वह अपनी चाय पीएगा, सोएगा, और जब हम उसे नदी पर ले जाएँगे तब भी वह जी रहा होगा। बाद में लोगों को वह बाँध में फँसा मिलेगा, उन अन्य लोगों के साथ जिन्हें यह सौभाग्य नहीं मिल पाया, और जो खुली आँखों पानी में गिर पड़े। तुम्हें याद है न माँ, जिस दिन हम बाँध की सफाई होते देख रहे थे, तुमने मुझसे कहा था कि हमारेवालों[1] ने सबसे कम कष्ट पाया है। ये जिन्दगी हमसे ज्यादा निर्दयी है। हिम्मत रखो माँ, तुम्हारी इच्छा पूरी होगी और हम जल्द ही यहाँ से चले जाएँगे।

माँ : हाँ, मैं अपने आपको सँभाल लूँगी। कभी-कभी, वास्तव में मुझे यह सोचकर बड़ी शान्ति मिलती है कि हमारेवालों ने कभी कष्ट नहीं पाया। इसे तो मुश्किल से ही अपराध कहा जा सकता है। एक बहुत ही सही अन्त:क्षेप, अनजान जिन्दगियों को अंगूठे का हल्का-सा धक्का। यह सच है कि जिन्दगी हमसे ज्यादा क्रूर है। शायद इसीलिए मैं अपने आपको अपराधी महसूस नहीं करती।

[वृद्ध सेवक अन्दर आता है और बिना कुछ बोले काउंटर के पीछे जाकर बैठ जाता है, जहाँ वह अन्त तक बिना हिले-डुले मौजूद रहेगा।]

मार्था : कौन-सा कमरा दें हम उसे?

माँ : कोई-सा भी दे दो, बस पहली मंजिल पर होना चाहिए।

मार्था : हाँ, पिछली बार हमें बहुत परेशानी हुई थी, दो मंजिलों की वजह से। *(वह पहली बार बैठ जाती है)* माँ, क्या यह सच है कि वहाँ समुद्र के तट पर बालू इतनी गरम होती है कि पैरों में छाले पड़ जाते हैं?

माँ : मैं तो वहाँ गई नहीं हूँ तुझे मालूम है। लेकिन कहते हैं कि वहाँ सूरज सब कुछ खत्म कर देता है।

मार्था : मेरी एक किताब में है कि वह सब कुछ जला देता है, अन्तःकरण तक, उसके बाद बदन एक अपूर्व दीप्ति से चमक उठता है, लेकिन अन्दर से एकदम खोखला हो जाता है।

माँ : क्या तुम इसी वजह से उसका सपना देखती हो?

मार्था : हाँ, मेरी आत्मा अब मेरे लिए बोझ बन गई है। मुझे अब उस दुनिया को ढूँढ़ निकालने की जल्दी है जहाँ सूरज सारे सवाल खत्म कर देता है। मेरी मंजिल यहाँ नहीं है।

माँ : लेकिन उससे पहले बहुत कुछ करना है। अगर सब ठीक रहा तो मैं सचमुच तेरे साथ चलूँगी। लेकिन मेरे लिए मंजिल पाने जैसी कोई बात नहीं है। एक उमर तक पहुँचकर ऐसी कोई जगह नहीं होती जहाँ पूरी शान्ति सम्भव हो। इतना ही काफी है, अगर

हमने खुद चूने-मिट्टी का एक तुच्छ मकान बनाकर स्मृतियों से सजा लिया हो, जहाँ हम कभी-कभी सो सकें। लेकिन वास्तव में महत्त्वपूर्ण यह भी होगा, अगर मुझे नींद व विस्मृति दोनों एक साथ मिल जाएँ *(वह उठती है और दरवाजे की तरफ जाती है)*। तैयारी करो मार्था! *(कुछ देर खामोशी)* अगर सचमुच यह मेहनत प्रयास के काबिल है।

[मार्था उसे बाहर जाते हुए देखती है। स्वयं भी दूसरे दरवाजे से चली जाती है।]

दृश्य : दो

[वृद्ध सेवक खिड़की तक जाता है, जान और मारिया को आते देखता है। फिर छुप जाता है। रंगमंच पर यह वृद्ध कुछ देर एकदम अकेला रहता है। जान आता है रुकता है, कमरे में चारों ओर देखता है। खिड़की के पीछे वृद्ध को देखकर—]

जान : यहाँ कोई नहीं है?

[वृद्ध उसे गौर से देखता है, रंगमंच पार करता है और चला जाता है।]

दृश्य : तीन

[मारिया अन्दर आती है। जान तेजी से उनकी तरफ आता है।]

जान : तुम मेरे पीछे आ गईं!

मारिया : मुझे माफ कर दो। मुझसे रहा नहीं गया। मैं शायद अभी, एकदम लौट जाऊँगी। लेकिन मुझे वह जगह तो देख लेने दो जहाँ मैं तुम्हें छोड़कर जा रही हूँ।

जान : वे लोग आ जाएँगे और फिर जो मैं करना चाहता हूँ सम्भव न होगा।

मारिया : कम-से-कम अपने आपको इतना तो मौका दो कि कोई आ जाए, और मैं उसे तुम्हारे बारे में बता सकूँ, हालाँकि तुम यह नहीं चाहते।

[खीझकर जान एकदम घूम जाता है। कुछ देर सन्नाटा।]

(अपने चारों ओर देखते हुए) यही जगह है?

जान : हाँ, यही जगह है। इसी दरवाजे से बीस साल पहले मैं यहाँ से गया था। मेरी बहन तब बहुत छोटी थी। वह इस कोने में खेलती थी। माँ मुझसे मिलने नहीं आई थी। तब मुझे लगता था, कोई खास बात नहीं है।

मारिया : जान, मैं नहीं मानती कि वह तुम्हें अभी पहचान नहीं पाई। माँ अपने बेटे को कभी नहीं भूलती।

जान : बीस साल गुजर गए उसे मुझे देखे हुए। मैं तब बड़ा हो रहा था करीब-करीब एक किशोर था। मेरी माँ अब बूढ़ी हो गई है। उसकी नजर भी और कमजोर हो गई है। मैंने ही उसे मुश्किल से पहचाना था।

मारिया : *(अधीरता से)* मुझे मालूम है, तुम अन्दर गए थे। तुमने कहा था 'नमस्ते', और तुम बैठ गए थे। तुम्हें कुछ भी पहचान में नहीं आया था।

जान : मुझे ठीक से याद नहीं। वे दोनों मुझसे बिना एक भी शब्द बोले मिली थीं। उन्होंने मुझे वही बीयर लाकर दी जो मैंने माँगी थी। वे मुझे देखती रहीं, लेकिन पहचान नहीं पाईं। सब कुछ जैसा मैंने सोचा था, उससे ज्यादा मुश्किल था।

मारिया : तुम अच्छी तरह जानते हो कि यह कोई मुश्किल बात नहीं थी, सिर्फ जरा-सा बात करना काफी होता। ऐसी परिस्थितियों में कहना चाहिए 'मैं आ गया' और सब एकदम आसान हो जाता।

जान : हाँ, लेकिन मैं अपने सपनों में खोया हुआ था। और फिर मैं इन्तजार कर रहा था घर लौटे सैलानी बेटे के विशेष स्वागत-सत्कार का लेकिन उन्होंने बीयर भी मुझे मेरे पैसे से लाकर दी। मेरा दिल भरा हुआ था। मुझसे बोला नहीं गया।

मारिया : सिर्फ एक ही शब्द काफी होता।

जान : वही तो मुझे नहीं मिला। लेकिन कोई बात नहीं, मुझे कोई जल्दी नहीं है। मैं यहाँ आया हूँ उन्हें

अपनी दौलत देने के लिए और हो सका तो खुशी देने के लिए। जब मुझे पिता जी की मौत के बारे में पता चला, तो मैंने तय किया कि मैं उन दोनों के प्रति अपनी जिम्मेदारी पूरी तरह निभाऊँगा और जो कुछ जरूरी है, सब करूँगा। लेकिन मैं देख रहा हूँ यह इतना आसान नहीं कि अपने घर आए और कह दिया कि यह मेरा घर है। एक आगन्तुक को बेटा मानने में कुछ समय तो लगता है।

मारिया : लेकिन अपने आने के बारे में उन्हें बता क्यों नहीं देते? कुछ ऐसी स्थितियाँ होती हैं, जिनमें उसी तरह करना पड़ता है, जैसे सारी दुनिया करती है। जब हम चाहें कि हम पहचान लिये जाएँ तो अपना नाम बताना पड़ता है। वह अपने आप में ही एक प्रमाण है। अपने आपको उस वेश में दिखाने में जो तुम हो नहीं, सब गड़बड़ हो जाएगा। जहाँ तुम अपने आपको एक अजनबी की तरह पेश करोगे, वहाँ तुम्हें अजनबी की तरह ही रखा जाएगा। नहीं, नहीं; यह सब ठीक नहीं है।

जान : छोड़ो मारिया, यह कोई इतनी बड़ी बात नहीं है। और फिर मुझे तो इससे फायदा ही है। इस मौके का फायदा उठाकर मैं उन्हें दूर से समझने की कोशिश करूँगा। इससे मुझे और बेहतर तरीके से पता लग सकेगा कि वह कौन-सी चीज है जो उन्हें

सबसे ज्यादा खुश करेगी। बाद में, मैं अपने आपको पहचनवाने के तरीके ढूँढ़ लूँगा। सिर्फ ठीक से चुने हुए कुछ शब्द कहने जरूरी हैं।

मारिया : सिर्फ एक ही तरीका है और वह वही जिसे कोई भी व्यक्ति इस्तेमाल करेगा। बस यही कहना है, 'मैं आ गया।' फिर दिल को अपने आप बोलने दो।

जान : दिल ही तो इतना सरल नहीं होता।

मारिया : लेकिन बात वह सरल भाषा में ही करता है और यह कहना कोई मुश्किल नहीं : 'मैं तुम्हारा बेटा हूँ और यह रही मेरी पत्नी। मैं इसके साथ उस जगह रहता हूँ जो हमें पसन्द है, जहाँ समुद्र का किनारा है और धूप खूब निकलती है। लेकिन मैं वहाँ इतना खुश नहीं था, और आज मुझे तुम्हारी जरूरत है।'

जान : मारिया, तुम मेरे साथ बेइंसाफी कर रही हो। मुझे उनकी जरूरत नहीं है। लेकिन मैं जानता हूँ उन्हें मेरी जरूरत हो सकती है। कोई आदमी कभी-भी एकदम अकेला नहीं होता।

[कुछ खामोशी। मारिया मुड़ती है।]

मारिया : तुम शायद ठीक कह रहे हो, मुझे माफ कर दो। लेकिन जबसे मैं इस जगह आई हूँ, व्यर्थ में ही एक खुश चेहरा ढूँढ़ रही हूँ। मुझे सब चीजों पर शक

हो गया है। बड़ी उदास जगह है ये यूरोप। जबसे हम यहाँ आए हैं, मैंने तुम्हारी हँसी ही नहीं सुनी, और मैं, मैं तो बहुत वहमी हो गई हूँ। ओह, क्यों तुमने मुझसे मेरा देश छुड़वाया? चलो, जान, हमें यहाँ कोई खुशी नहीं मिलेगी।

जान : हम यहाँ खुशी ढूँढ़ने नहीं आए। खुशी तो हमारे पास है।

मारिया : *(तीक्ष्णता से)* फिर तुम खुश क्यों नहीं हो?

जान : खुशी ही सब कुछ नहीं है। फिर सभी के अपने-अपने फर्ज होते हैं।
मेरा फर्ज है, अपनी माँ को ढूँढ़ना, अपनी जन्मभूमि को...

[मारिया निराश होकर विरोध की मुद्रा में हाथ झटकती है। जान उसे पकड़ लेता है। किसी के आने की आहट सुनाई देती है। वृद्ध खिड़की के पास चला जाता है।]

कोई आ रहा है। जाओ मारिया, मैं तुम्हारी मिन्नत कर रहा हूँ।

मारिया : ऐसे नहीं, यह बिलकुल सम्भव नहीं है।

जान : *(पास आते कदमों की आवाज सुनकर)* तुम यहाँ बैठ जाओ।

[धीरे से वह उसे पीछेवाले दरवाजे की ओर ठेल देता है।]

दृश्य : चार

[पीछे का दरवाजा खुलता है। वृद्ध बिना मारिया को देखे कमरा पार करके बाहरी दरवाजे से निकल जाता है।]

जान : अब जल्दी जाओ। तुम देख रही हो, मौका मेरे हाथ में है।

मारिया : मैं तुम्हारे साथ रहना चाहती हूँ। मैं एकदम चुप रहूँगी, और इन्तजार करूँगी कि वे तुम्हें पहचान लें।

जान : नहीं, तुम मेरा रहस्य खोल दोगी।

[वह मुड़ती है। फिर उसकी ओर लौट आती है और उसकी आँखों में देखती है।]

मारिया : जान, हमारी शादी हुए पाँच साल हो गए हैं।

जान : हाँ, जल्द ही पाँच साल पूरे हो जाएँगे।

मारिया : *(आँखें झुकाकर)* यह पहली रात है जब हम अलग रहेंगे।

[वह चुप रहता है। मारिया उसे फिर देखने लगती है।]

मैंने हमेशा तुम्हारी हर चीज से प्यार किया है, उससे भी जो मेरी समझ में नहीं आई। मैं अच्छी तरह जानती हूँ कि तुम्हें भीतर से बदला हुआ नहीं चाहती। मैं

तुम्हारे लिए एक महज पत्नी रही हूँ। लेकिन यहाँ मुझे उस अकेले बिस्तर से डर लग रहा है जिसमें तुम मुझे भेज रहे हो। मुझे यह भी डर है कि तुम मुझे छोड़ रहे हो।

जान : तुम्हें मेरे प्यार पर भरोसा होना चाहिए।

मारिया : हाँ, उस पर मुझे कोई शक नहीं। लेकिन एक ओर तुम्हारा प्यार है और दूसरी ओर तुम्हारे सपने या तुम्हारे फर्ज। दोनों एक ही बात हैं। तुम मुझे कई बार अकेला छोड़ देते हो। पर अब ऐसा लगता है जैसे तुम्हें मुझसे अलग होकर राहत मिल रही हो। लेकिन मैं, मैं तुमसे बिलकुल अलग नहीं रह सकती और आज शाम *(वह रोते हुए अपने आपको उस पर गिरा देती है)* यह शाम मुझसे बर्दाश्त नहीं होगी।

जान : *(उसे अपने से अलग करते हुए)* यह बचपना है।

मारिया : बेशक, यह बचपना है। लेकिन हम लोग वहाँ इतने खुश थे और अगर यहाँ की शामों में मुझे इतना डर लगता है तो गलती मेरी नहीं है। मैं नहीं चाहती कि तुम मुझे अकेला छोड़ो।

जान : मैं तुम्हें बहुत देर के लिए नहीं छोड़ रहा। मुझे समझने की कोशिश करो मारिया! मुझे अपना एक वायदा पूरा करना है।

मारिया : कौन-सा वायदा?

जान : वही, जो मैंने अपने आप से किया था, जब मुझे ऐसा लगा कि मेरी माँ को मेरी जरूरत है।

मारिया : तुम्हें एक और भी तो वायदा पूरा करना है।

जान : कौन-सा?

मारिया : वही, जो मुझसे उस दिन किया था, जब तुमने हमेशा मेरे साथ रहने की कसम खाई थी।

जान : मुझे पूरा विश्वास है कि मैं दोनों वायदे निभा सकूँगा। आज जो मैं तुमसे माँग रहा हूँ बड़ी छोटी-सी चीज है। यह कोई बेकार की झक नहीं है। मुझे चाहिए एक शाम और एक रात, जब मैं यहाँ के बारे में सब कुछ जानने की कोशिश करूँगा, उनको और अच्छी तरह समझने की कोशिश करूँगा जिन्हें मैं प्यार करता हूँ और यह मालूम करने की कोशिश करूँगा कि उन्हें कैसे सुख पहुँचाऊँ।

मारिया : *(सिर हिलाते हुए)* वियोग उनके लिए हमेशा मुश्किल होता है, जो एक-दूसरे को सचमुच प्यार करते हैं।

जान : ओ पगली, जानती हो मैं तुम्हें कितना प्यार करता हूँ और सच्चा।

मारिया : नहीं, पुरुष बिलकुल नहीं जानते कि सच्चा प्यार कैसे करते हैं। उन्हें कभी तृप्ति ही नहीं होती। वे जानते हैं सिर्फ सपने देखना, नए से नए की कल्पना करना, नई जगह और नई रिहाइश ढूँढ़ना।

जबकि हम, हम विश्वास करती हैं अधीरता से प्यार करने में, एक ही बिस्तर में साथ-साथ सोने में, हाथ-में-हाथ थमाने में, बिछोह से बचे रहने में। प्यार अगर सच्चा हो, तो दूसरा सपना कौन देखता है।

जान : तुम्हें क्या हो गया है? बात सिर्फ माँ से मिलने की है, उसकी मदद करने और उसे खुश करने की है। जहाँ तक मेरे सपनों और फर्ज का सवाल है, वे जैसे भी हैं, उन्हें समझने की कोशिश करनी चाहिए। उनके बिना मैं कुछ भी नहीं हूँ। और तुम भी मुझे कम प्यार करती होतीं अगर मैं अपने फर्ज भूल गया होता।

मारिया : *(अचानक उसकी तरफ पीठ फेरते हुए)* मुझे मालूम है, तुम्हारे पास कारण तो हमेशा बहुत अच्छे होते हैं और तुम हमेशा मुझे विश्वास दिला सकते हो। लेकिन अब मैं तुम्हारी बात नहीं सुन रही। मैं अपने कान बन्द कर रही हूँ। अब तुम उस आवाज में बोलने जा रहे हो जिसे मैं अच्छी तरह समझती हूँ। वह तुम्हारे अकेलेपन की आवाज है, प्यार की नहीं।

जान : *(उसके पीछे खड़े होकर)* यह बात छोड़ो, मारिया! मैं चाहता हूँ कि तुम मुझे तब तक यहाँ अकेला छोड़ दो जब तक सब कुछ ठीक से समझ सको। यह कोई इतना बड़ा तूफान नहीं है, न ही उस

छत के नीचे सोना कोई बहुत बड़ी बात है, जहाँ किसी की माँ सो रही हो। बाकी भगवान जाने। लेकिन भगवान यह भी जानता है कि मैं तुम्हें इन सब चीजों के बीच भूलूँगा नहीं। सिर्फ इतना है कि हम निर्वासन या उपेक्षा में खुश नहीं हो सकते। हम सदा पराए नहीं रहना चाहते। मैं अपनी जन्मभूमि में रहना चाहता हूँ और उन सबको खुशी बाँटना चाहता हूँ जिन्हें मैं प्यार करता हूँ। इससे ज्यादा और कोई इच्छा नहीं है मेरी।

मारिया : यह सब तो तुम आराम से भी कर सकते हो। पर तुम्हारा यह तरीका गलत है।

जान : तरीका ठीक है, क्योंकि यही करने से तो मुझे मालूम हो सकेगा कि मेरा सपने देखना सही है या गलत।

मारिया : मैं चाहती हूँ कि यह सही हो और यह भी कि तुम्हारा सोचना भी ठीक साबित हो। लेकिन मेरे पास कोई दूसरा सपना नहीं है सिवाय उस देश के, जहाँ हम दोनों इतने खुश थे। न कोई और फर्ज है सिवाय तुम्हारे।

जान : *(उसे पास खींचते हुए)* अब मुझे जाने दो। मैं सही वक्त पर सही बात कहकर सब ठीक कर लूँगा।

मारिया : *(उसे दूर हटाते हुए)* ओ, तुम अपने सपने देखते रहो, मैं चाहे तुम्हें प्यार करती रहूँ। तुम्हें क्या फरक पड़ेगा। आदतन, जब मैं तुम्हारे पास होती हूँ नाखुश

नहीं हो सकती। मैं धीरज रखती हूँ इन्तजार करती हूँ कि तुम अपने धुँधलके से निकल आओ और तब शुरू होती है मेरी सुख की घड़ी। लेकिन आज अगर मैं नाखुश हूँ तो वह इसलिए कि मुझे तुम्हारे प्यार में पूरा विश्वास है। फिर भी तुम मुझे दूर भेज रहे हो। यही कारण है कि पुरुषों का प्यार हमेशा ही तड़पाता है। वे अपने आपको उसे छोड़ने से भी नहीं रोक सकते जिसे स्वयं चाहते हैं।

जान : *(उसका चेहरा हाथों में लेकर मुस्कराते हुए)* यह सच है मारिया। लेकिन क्या हुआ, मुझे देखो, मैं किसी संकट में नहीं हूँ। मैं जो चाहता हूँ कर रहा हूँ और मेरे हृदय में शान्ति है। तुम मुझे एक रात के लिए मेरी माँ, और मेरी बहन के पास छोड़ सकती हो। इसमें डरने की कोई बात नहीं है।

मारिया : *(उससे अलग होते हुए)* अच्छा, अलविदा, मेरा प्यार तुम्हारी रक्षा करेगा।

[वह दरवाजे की तरफ जाती है। वहाँ पहुँचकर रुक जाती है और अपने दोनों खाली हाथ उसके सामने फैलाती है।]

लेकिन देखो, मैं कितनी वंचित रह गई। तुम अपने नए लक्ष्य की तलाश में जा रहे हो, और मुझे यहाँ छोड़े जा रहे हो इन्तजार करने के लिए।

[हिचकिचाती है। फिर चली जाती है।]

दृश्य : पाँच

[जान बैठ जाता है। वृद्ध सेवक अन्दर आता है। मार्था के अन्दर आने के लिए दरवाजा खोले रखता है। फिर चला जाता है।]

जान : नमस्कार! मैं कमरे के लिए आया हूँ।

मार्था : मुझे मालूम है। वे लोग आपके लिए आपका कमरा ठीक कर रहे हैं। आपका नाम अपने रजिस्टर में दाखिल करना जरूरी है।

[वह अपना रजिस्टर लेने जाती है और फिर वापस आ जाती है।]

जान : यह आपका नौकर बड़ा अजीब है।

मार्था : यह पहला मौका है कि कोई हमसे इसकी शिकायत कर रहा है। वरना अपना काम यह हमेशा बड़ी सावधानी से करता है।

जान : ओह, मैं शिकायत नहीं कर रहा था। बाकी लोगों से वह कुछ अलग है, बस। क्या वह गूँगा है?

मार्था : नहीं, यह बात नहीं है।

जान : इसका मतलब वह बोलता है?

मार्था : बहुत कम और तभी जब बहुत आवश्यक हो।

जान : बहरहाल, ऐसा नहीं लगता कि उससे जो कहा जाता है उसे सुन लेता हो।

मार्था : यह तो नहीं कह सकते कि वह सुनता नहीं। यह जरूर है कि कुछ ऊँचा सुनता है। लेकिन मुझे आपका नाम, कुलनाम आदि चाहिए।

जान : हासेक, कॉर्ल।

मार्था : कॉर्ल, सिर्फ?

जान : सिर्फ।

मार्था : जन्म-तिथि और स्थान?

जान : मैं अड़तीस साल का हूँ।

मार्था : आप कहाँ पैदा हुए थे?

जान : *(कुछ हिचकिचाकर)* बोहिमिया में।

मार्था : व्यवसाय?

जान : कोई व्यवसाय नहीं है।

मार्था : बिना किसी काम-धन्धे के जीने के लिए तो यह जरूरी है कि या तो आप बहुत अमीर हों या एकदम गरीब।

जान : *(हँसते हुए)* मैं बहुत गरीब तो नहीं हूँ और कई कारणों से काफी खुश भी हूँ।

मार्था : *(दूसरे लहजे में)* आप जन्मत: जैक नागरिक हैं?

जान : जी हाँ, जन्मत:।

मार्था : स्थायी निवास-स्थान?

जान : बोहिमिया।

मार्था : आप वहीं से आ रहे हैं?

जान : नहीं, मैं अफरीका से आ रहा हूँ...

[मार्था बिलकुल समझने में असमर्थ होने के भाव दिखाती है।]

सागर के उस पार से।

मार्था : अच्छा! *(कुछ खामोशी)* आप वहाँ प्राय: जाते रहते हैं?

जान : हाँ, बहुत बार।

मार्था : *(कुछ क्षण अपने सपने में खोए रहकर फिर बात जारी रखते हुए)* आप कहाँ जा रहे हैं?

जान : मैं कह नहीं सकता। यह बहुत-सी बातों पर निर्भर करता है।

मार्था : क्या आप यहाँ ठहरना चाह रहे हैं?

जान : मैं कह नहीं सकता। यह निर्भर करेगा इस बात पर कि मुझे यहाँ क्या मिलता है।

मार्था : कोई बात नहीं। लेकिन यहाँ कोई आपका इन्तजार तो नहीं कर रहा?

जान : नहीं, कोई नहीं, निश्चित रूप से।

मार्था : मेरे खयाल से आपके पास पहचान के कागजात तो होंगे?

जान : जी, वो मैं आपको दिखा सकता हूँ।

मार्था : छोड़िए, वह जरूरी नहीं है। इतना काफी है कि मैं यहाँ लिख दूँ कि आपके पास पासपोर्ट है या पहचान-पत्र?

जान : *(हिचकिचाते हुए)* पासपोर्ट! ये देखिए। आप इसे देखना चाहेंगी।

[वह उसे पढ़ने के लिए हाथ में लेती है, लेकिन तभी वृद्ध सेवक दरवाजे में दिखता है।]

मार्था : नहीं, मैंने तुम्हें नहीं बुलाया।..

[वृद्ध सेवक चला जाता है। मार्था जान को बिना पढ़े पासपोर्ट लौटा देती है, कुछ खोई-सी।]

जब तुम वहाँ होते हो, तो समुद्र के किनारे रहते हो?

जान : हाँ।

[वह उठती है। रजिस्टर बन्द करके रखना चाहती है, लेकिन तभी कुछ और सोचकर उसे पुन: अपने सामने खोल लेती है।]

मार्था : *(अकस्मात् बड़े रूखे स्वर में)* ओह, मैं भूल गई थी, आपके परिवार में कौन-कौन हैं?

जान : हाँ, थे। लेकिन बहुत अरसा हुआ, मैं उन्हें छोड़ चुका हूँ।

मार्था : नहीं, मैं कहना चाह रही हूँ—आप विवाहित हैं?

जान : आप मुझसे यह क्यों पूछ रही हैं? किसी और होटल में मुझसे यह प्रश्न किसी ने नहीं पूछा।

मार्था : यह प्रश्न, जो प्रश्नपत्र हमें ज़िले की तरफ से मिला है, उसमें है।

जान : अजीब बात है। मैं विवाहित हूँ। आपने मेरी शादी की अँगूठी तो देख ही ली होगी।

मार्था : मैंने नहीं देखी। आप मुझे अपनी पत्नी का पता दे सकेंगे?

जान : वह स्वदेश में ही रह गई है।

मार्था : ओह! ठीक है। *(रजिस्टर बन्द करते हुए)* जब तक आप अपना कमरा तैयार होने का इन्तजार कर रहे हैं, कुछ पीना पसन्द करेंगे?

जान : नहीं, मैं यहीं इन्तजार करूँगा। उम्मीद है इसमें आपको कोई एतराज तो नहीं होगा?

मार्था : मुझे भला एतराज क्यों होगा, यह कमरा तो है ही मेहमानों के स्वागत के लिए।

जान : जी, लेकिन कई बार एक अकेला असामी, किसी भारी जन-समूह से भी ज्यादा परेशान कर देता है।

मार्था : *(कमरा ठीक करते हुए)* क्यों? उम्मीद है आप मुझसे फालतू बात करने के खयाल में नहीं हैं। जो यहाँ बेकार का हँसी-मजाक करने आते हैं उन्हें मैं कुछ नहीं दे सकती। अब तो बहुत दिनों से सब लोग यह बात जानते हैं। आप भी शीघ्र ही देखेंगे कि आपने एक बेहद शान्त जगह चुनी है। यहाँ कोई-कोई आदमी ही आता है।

जान : इससे आपको तो ज्यादा फायदा नहीं होता होगा?

मार्था : हाँ, मुनाफा हमने कुछ जरूर खोया है, लेकिन मन को शान्ति तो है। और शान्ति के लिए कोई भी कीमत ज्यादा नहीं होती। वैसे भी एक अच्छा ग्राहक बेकार के शोरगुल से कहीं ज्यादा अच्छा होता है।

वास्तव में हमारा लक्ष्य हमेशा एक अच्छा ग्राहक ढूँढ़ना ही होता है।

जान : लेकिन...*(कुछ हिचकिचाते हुए)*, कभी-कभी जिन्दगी आपको ज्यादा अच्छी तो नहीं लगती होगी? क्या आपको बहुत अकेलापन महसूस नहीं होता?

मार्था : *(तेजी से उसकी ओर मुँह घुमाते हुए)* सुनिए, देख रही हूँ कि आपको कुछ कायदे समझाने पड़ेंगे। वो ये कि एक बार यहाँ अन्दर आने पर आपके हक सिर्फ एक ग्राहक के होते हैं। आपकी हर जरूरत का ध्यान रखा जाता है, आपकी देखभाल में कोई कमी नहीं की जाती। मैं नहीं समझती कि किसी भी दिन आपको अपने स्वागत-सत्कार में किसी शिकायत का मौका मिलेगा। लेकिन आपको हमारे अकेलेपन के बारे में परेशान होने की कोई जरूरत नहीं है, न ही आपको हमारी नाराजगी की फिक्र करनी चाहिए। शौक से एक मेहमान की पूरी सुविधाओं का फायदा उठाइए, यह आपका हक है। लेकिन उससे आगे मत बढ़िए।

जान : माफ कीजिए। मैं सिर्फ आपके प्रति अपनी सहानुभूति जाहिर करना चाहता था। आपको नाराज करने का मेरा कोई इरादा नहीं था। मुझे कुछ ऐसा लगा कि हम एक-दूसरे से इतने अपरिचित नहीं हैं।

मार्था : मैं समझती हूँ कि मुझे फिर से यह दोहराना पड़ेगा कि मैं नाराज हूँ या प्रसन्न, इसका सवाल ही नहीं उठता। मुझे लगता है कि आपने एक ऐसा लहजा अपनाए रखने की जिद ठान ली है जो आपका नहीं होना चाहिए और मैं आपका ध्यान उसी ओर दिलाने की कोशिश कर रही हूँ। विश्वास रखिए, मुझे आपसे कोई नाराजगी नहीं है। क्या यह हम दोनों के ही हित में नहीं होगा कि हम अपनी-अपनी सीमा में रहें? अगर आप अब भी अपनी सीमा से आगे बढ़ते रहे तो हमारे लिए बहुत आसान है कि आपको कमरा देने से इनकार कर दें। लेकिन जैसा मैं सोचती हूँ अगर आप यह समझने की कोशिश करें कि वे दो औरतें जो आपको किराए पर कमरा देने के लिए तैयार हैं, आपको अपनी निजी जिन्दगी में प्रवेश करने की अनुमति देने को बिलकुल मजबूर नहीं हैं, तो फिर सब ठीक हो जाएगा।

जान : यह तो साफ जाहिर है पर मैं कोई ऐसी गलती भी तो कर सकता हूँ जिससे आपको मेरी नीयत पर सन्देह हो और जिसके लिए मुझे माफ न किया जा सके।

मार्था : नहीं, ऐसा नहीं है। आप पहले असामी नहीं हैं जिसने इस तरीके से बात करनी शुरू की। लेकिन मैंने हमेशा बहुत साफ बात की है, जिससे किसी गलतफहमी की गुंजाइश ही न रहे।

जान : आप बहुत ही साफ बात कर रही हैं। वास्तव में, मैं देख रहा हूँ कि अब मेरे पास कहने को कुछ शेष रहा ही नहीं... कम-से-कम इस समय...।

मार्था : क्यों? आपको एक ग्राहक की भाषा में बात करने से कोई नहीं रोक सकता।

जान : यह कौन-सी भाषा होती है?

मार्था : ज्यादातर असामी तो हमसे सब चीजों के बारे में बात करते हैं, अपनी यात्राओं के बारे में, राजनीति के बारे में, खासतौर से हमें छोड़कर किसी भी बारे में। हम सिर्फ इतना ही तो चाहते हैं। कई बार ऐसा भी इत्तिफाक हुआ है कि उन लोगों ने हमसे अपनी निजी जिन्दगी और वे क्या थे, इस बारे में बात की। इतना तो वाजिब था। आखिरकार जब हम इतने पैसे लेते हैं तो उन्हें सहानुभूति से सुनना भी हमारा फर्ज हो जाता है। लेकिन यह नहीं कि यहाँ रहने के किराए में उनके हर सवाल का जवाब देना भी शामिल है। मेरी माँ कभी-कभी भूल से जवाब दे भी देती है, लेकिन मैं तो नियमत: मना कर देती हूँ। अगर आप यह अच्छी तरह समझ गए हैं, तो हम लोगों में न सिर्फ सहमति हो जाएगी बल्कि आपके ध्यान में बहुत-सी ऐसी बातें आएँगी, जो आप हमें बता सकेंगे। और फिर आप वह आराम भी महसूस

करेंगे जो कभी-कभी किसी से अपने बारे में बातें करके होता है।

जान : बदकिस्मती से मुझे अपने बारे में ठीक से बात करना आता ही नहीं। खैर, उससे कोई खास फायदा भी नहीं है। अगर मैं यहाँ बहुत कम समय के लिए ठहरा तो तुम मुझे समझ ही न सकोगी और अगर लम्बे समय के लिए ठहरा तो तुम्हारे पास बहुत समय होगा बिना मेरे कुछ कहे यह समझने का कि मैं कौन हूँ, क्या हूँ।

मार्था : उम्मीद है जो कुछ मैंने अभी-अभी तुमसे कहा उसकी वजह से तुम मेरे प्रति कोई व्यर्थ द्वेष नहीं रखोगे। मैंने हमेशा साफ बात करना ही फायदेमन्द पाया है और मैं तुम्हें उस लहजे में कैसे बात करते रहने दे सकती थी जिससे कि अन्त में हमारे सम्बन्ध ही खराब हो जाते। जो मैं कह रही हूँ बहुत ही युक्तिसंगत है। क्योंकि आज से पहले हम दोनों के बीच कुछ भी समान नहीं था, इसलिए कोई वजह ही नहीं कि अचानक हम एक-दूसरे के इतना नजदीक महसूस करें।

जान : मैंने तो तुम्हें पहले ही माफ कर दिया। मैं जानता हूँ कि गहरी जान-पहचान एकदम नहीं हो जाती। समय लगता है। अगर, अब तुम्हें सब ठीक लग रहा है तो मुझे बड़ी खुशी होगी।

[माँ अन्दर आती है।]

दृश्य : छह

माँ : नमस्कार, श्रीमान्! आपका कमरा तैयार है।

जान : बहुत-बहुत शुक्रिया आपका।

[माँ बैठ जाती है।]

माँ : *(मार्था से)* तुमने फार्म भर लिया।

जान : हाँ।

माँ : मैं देख सकती हूँ? आप मुझे माफ करेंगे महोदय! यहाँ पुलिस बहुत सख्त है। ये देखिए, मेरी बेटी यह लिखना भूल गई है कि आप यहाँ स्वास्थ्य सम्बन्धी कारणों से, या काम से आए हैं, या पर्यटन के लिए आए हैं।

जान : मैं समझता हूँ, घूमने-फिरने ही आया हूँ।

माँ : निस्सन्देह गिरजाघर की वजह से! हमारे गिरजाघर की सभी जगह बहुत तारीफ होती है।

जान : मुझसे इस बारे में बात तो की थी। मैं भी इस इलाके को दुबारा देखना चाहता था, जिसे मैं पहले अच्छी तरह जानता था, और जिसकी यादें मेरे हृदय में अभी तक ताजा हैं।

मार्था : तुम यहाँ पहले कभी रह चुके हो?

जान : नहीं! लेकिन बहुत पहले, यहाँ से गुजरने का मौका मिला था। मैं उसे भूला नहीं हूँ।

माँ : हालाँकि हमारा कस्बा छोटा-सा ही है।

जान : यह सच है। लेकिन मुझे यहाँ बड़ा अच्छा लगता है। और जब से मैं यहाँ आया हूँ, मुझे बड़ा अपनापन लग रहा है।

माँ : आप यहाँ लम्बे समय के लिए ठहरेंगे?

जान : कह नहीं सकता। मेरा ऐसा कहना आपको बेशक अजीब लगता होगा। लेकिन सचमुच, मैं नहीं जानता। किसी जगह ठहरने के लिए कोई वजह होनी चाहिए—दोस्त हों, कुछ लोगों का स्नेह हो। अन्यथा कहीं और ठहरने के बदले यहीं ठहरने का कोई विशेष कारण नहीं होता। लेकिन क्योंकि अभी यह पता लगाना मुश्किल है कि मुझे कोई अच्छी तरह रखेगा भी या नहीं, मैं अभी यह नहीं जानता कि मैं क्या करूँगा।

मार्था : यह तो कुछ बात नहीं हुई।

जान : हाँ, लेकिन और अच्छी तरह समझाना मुझे नहीं आता।

माँ : ठीक है, तुम जल्द ही ऊब जाओगे।

जान : नहीं, मेरा दिल बड़ा सच्चा है और मैं शीघ्र ही स्मृतियाँ सँजो लेता हूँ अगर मुझे मौका मिले।

मार्था : *(अधैर्य से)* यहाँ दिल का कोई काम नहीं है।

जान : *(बिना यह दिखाए कि उसने सुना है, माँ से)* आप वाकई बहुत यथार्थवादी हैं। इसका मतलब आप इस होटल में बहुत अरसे से रह रही होंगी?

माँ : बरसों गुजर गए हमें यहाँ आए। इतने बरस कि मुझे यह भी याद नहीं कि हमने कब यहाँ रहना शुरू किया था और तब मैं कौन थी। यह मेरी बेटी है।

मार्था : माँ, तुम्हें यह सब नहीं बताना चाहिए।

माँ : यह सच है, मार्था।

जान : *(जल्दी से)* खैर छोड़िए। मैं आपके मनोभाव बड़ी अच्छी तरह समझ गया हूँ, महोदया! वे वही हैं जो मेहनत से गुजारी एक जिन्दगी के आखिर में महसूस होते हैं। लेकिन शायद सब कुछ बदल जाता, अगर आपको वह मदद मिल जाती, जो कि आमतौर पर सभी औरतों को मिलती है और अगर आपके साथ एक पुरुष का हाथ भी होता।

माँ : ओह, वह बहुत दिन हुए, वह भी मिला था मुझे, लेकिन तब बहुत से काम करने को थे। मेरे पति और मैं उन्हें मुश्किल से पूरा कर पाते थे। एक-दूसरे के बारे में सोचने तक की फुर्सत नहीं थी हमें, और उनके मरने से पहले ही शायद मैं उन्हें भूल चुकी थी।

जान : जी! यह मैं समझता हूँ। लेकिन...*(कुछ हिचकिचाकर)* अगर एक बेटा आपका हाथ बँटाता तो आप उसे तो नहीं भुला देतीं?

मार्था : माँ, तुम्हें मालूम है कि हमें बहुत काम करना है।

जान : एक बेटा! ओह! मैं बहुत बूढ़ी हो गई हूँ। बूढ़ी औरतें भूल जाती हैं अपने बेटों तक को प्यार करना। दिल भी काम में लगे-लगे खत्म हो जाता है।

जान : यह सच है। लेकिन मैं जानता हूँ वह भूलता कभी नहीं है।

मार्था : *(दोनों के बीच खड़ी होकर निश्चयात्मक रूप से)* एक बेटा भी अगर यहाँ आएगा तो वही पाएगा जो किसी मेहमान को दिया जाता है: महज एक हितैषी उदासीनता। वे सभी लोग जो यहाँ आए, इसी सहूलियत से यहाँ ठहरते रहे हैं। वे किराया चुकाते हैं और हम उन्हें कमरे की चाबी सौंप देते हैं। कोई अपने दिल की बात नहीं करता *(कुछ देर खामोशी)* इससे हमारा काम आसान हो जाता है।

माँ : छोड़ो यह बात।

जान : *(सोचते हुए)* और इस तरह वे लम्बे अरसे तक भी ठहरे हैं?

मार्था : कोई-कोई काफी दिनों तक। हमने उनका पूरा ध्यान रखा ताकि वे आराम में रहते रहें। कम पैसेवाले लोग अगले ही दिन चले जाते थे। ऐसे लोगों के लिए हमने कुछ भी नहीं किया।

जान : मेरे पास बहुत पैसा है और मैं, यहाँ, इस होटल में कुछ दिन रुकना चाहता हूँ, अगर आप मुझे

इजाजत दें। मैं आपको यह बताना भूल गया कि मैं पूरा भुगतान अग्रिम कर सकता हूँ।

माँ : ओह, यह हम नहीं माँगते।

मार्था : अगर आप रईस हैं तो बहुत अच्छा है। लेकिन अब अपने दिल के बारे में कोई बात मत कीजिए। हम उसके लिए कुछ नहीं कर सकते। मैं आपसे करीब-करीब चले जाने के लिए कहनेवाली थी, इतना चिढ़ गई थी मैं आपके बात करने के तरीके से। ये अपनी चाबी लीजिए और अपना कमरा देख लीजिए। लेकिन ध्यान रहे, आप ऐसे होटल में हैं जहाँ दिल-बहलाव का कोई साधन नहीं है। अनेक नीरस साल गुजर गए हैं इस कस्बे के ऊपर से, हमारे ऊपर से। धीरे-धीरे उन्होंने एकदम ठंडा कर दिया है यह घर। सहानुभूति की भावना ही छीन ली है उन्होंने हमसे। मैं एक बार फिर आपसे यह कहूँगी कि यहाँ आपको ऐसा कुछ नहीं मिलेगा जो दूर से भी आत्मीयता का संकेत देता हो। आप भी वही प्राप्त कर पाएँगे जो हम हमेशा अपने इने-गिने मुसाफिरों के लिए पेश करते हैं। और जो कुछ हम उनके लिए करते हैं, उसका हृदय की उत्कंठाओं से किसी तरह का सम्बन्ध नहीं है। लीजिए अपनी चाबी *(उसकी ओर चाबी बढ़ाती है)*, और यह न भूलिएगा हम आपका स्वागत करते हैं अपने स्वार्थपूर्ण उद्देश्यों से, अपनी शान्ति

के लिए और अगर आपको हम यहाँ रोक सके तो वह भी हमारे अपने स्वार्थ और अमन-चैन के लिए होगा।

[वह चाबी ले लेता है। मार्था चली जाती है। वह उसे जाते हुए देखता रहता है।]

माँ : आप उसकी बातों की ज्यादा फिकर मत कीजिए। यह जरूर है कि कुछ बातें ऐसी हैं, जिनका जिक्र वह बर्दाश्त नहीं कर पाती।

[वह उठती है। जान उसे सहारा देना चाहता है।]

छोड़ो बेटे, मैं अभी इतनी बेबस नहीं हूँ। देखो ये हाथ, इनमें अभी दम है। ये अभी एक आदमी का बोझ सँभाल सकते हैं।

[कुछ खामोशी। वह हाथ में सँभाल रखी अपनी चाबी को देखता है।]

तुम्हें क्या मेरी बातों ने इतना सोच में डाल दिया?

जान : नहीं, माफ कीजिए, मैंने तो आपकी बात ध्यान से सुनी भी नहीं। लेकिन आपने मुझे अपना 'बेटा' क्यों कहा?

माँ : ओ, मैं किसी भ्रम में होऊँगी। विश्वास कीजिए, किसी अनौपचारिकता से मैंने यह नहीं कहा। यह सिर्फ कहने का एक ढंग था।

जान : मैं समझा *(खामोशी)*। मैं अपने कमरे में जा सकता हूँ?

माँ : जाइए, श्रीमान्! वह बूढ़ा नौकर अन्दर आपका इन्तजार कर रहा है।

[वह उसकी तरफ देखता है और कुछ कहना चाहता है।]

आपको कुछ चाहिए?

जान : *(संकोच से)* नहीं! इस स्वागत के लिए आपको धन्यवाद देना चाहता था।

दृश्य : सात

[माँ अकेली है। वह दुबारा बैठ जाती है। अपने हाथ मेज पर रखती है। फिर उन्हें गौर से देखने लगती है।]

माँ : उसने मेरे हाथों के बारे में बात क्यों की? अगर वह उन्हें देख लेता तो सम्भव है, उसे समझ सकता जो मार्था उससे कह रही थी। अगर वह समझ लेता तो चला जाता। लेकिन वह समझा ही नहीं। मरना ही चाहता है। और मैं, मैं सिर्फ यह चाहती हूँ कि वह चला जाए, ताकि मैं आज शाम फिर आराम

से लेट सकूँ सो सकूँ, बहुत बूढ़ी! मैं बहुत बूढ़ी हो गई हूँ अपने हाथों से उसके टखने कसकर पकड़ने के लिए और उस पूरे रास्ते में उसके बदन का सन्तुलन बनाए रखने के लिए, जो नदी तक जाता है। मैं बहुत बूढ़ी हो गई हूँ इस आखिरी प्रयत्न के लिए जो उसे पानी में डाल देगा और फिर मेरी बाँहें बेजान-सी लुढ़क जाएँगी, साँस फूल जाएगी और मांसपेशियों में गाँठें पड़ जाएँगी, और हाथों में इतनी भी ताकत नहीं रह जाएगी कि मैं अपने चेहरे से वह पानी भी पोंछ सकूँ जो उस बेजान आदमी के पानी में गिरने से उछलेगा। मैं बहुत बूढ़ी हूँ। ठीक ही तो है! हमारा शिकार तो अच्छा है। मुझे उसे वही नींद देनी है जो मैं अपने लिए चाह रही थी। और यह...।

[अचानक मार्था आ जाती है।]

दृश्य : आठ

मार्था : अब तुम फिर कोई सपना देख रही हो? तुम्हें अच्छी तरह मालूम है कि हमें अभी बहुत काम करना है।

माँ : मैं इस आदमी के बारे में सोच रही थी, या कुछ हद तक अपने बारे में सोच रही थी।

मार्था : कल के बारे में सोचना ज्यादा उपयोगी होगा। मेरा साथ दो न माँ!

माँ : यह तुम्हारे पिता के शब्द हैं, मार्था, मुझे याद है। लेकिन मैं यह पक्की तरह बताना चाहती हूँ कि यह आखिरी मौका है जब मैं तुम्हारा साथ दे रही हूँ। अजीब बात है। वे ऐसा कहा करते थे पुलिसवाले का डर भगाने के लिए और तू, तू इसका इस्तेमाल करती है एक जरा-सी ईमानदारी की उस इच्छा को दबाने और लुप्त कर देने के लिए जो कभी-कभार मेरे मन में आ जाती है।

मार्था : जिसे तुम ईमानदारी की इच्छा समझ रही हो, वह सिर्फ सोने की इच्छा है। अपनी थकान को कल तक के लिए भूल जाओ माँ, और फिर सब कुछ आसान हो जाएगा।

माँ : मुझे मालूम है कि तू ठीक कह रही है। लेकिन सच बता, यह मुसाफिर औरों जैसा नहीं लगता ना?

मार्था : हाँ, यह बहुत व्याकुल-सा है, और बहुत सीधा लगता है। पर भला यह दुनिया कैसे चलेगी, अगर सभी दंडित अपराधी जल्लाद से दिल का दुखड़ा रोने लगें? यह तो नियम ही गलत है। और उसके बहुत अपनेपन से बात करने पर मुझे बहुत खीझ होती है। अब मैं यह काम खत्म करना चाहती हूँ।

माँ : यही तो खराब बात है। पहले, हमें अपने काम में

न गुस्सा आता था, न दया। हम तटस्थ रहते हुए अपना जरूरी काम करते थे। अब मैं थक गई हूँ और तुम्हें गुस्सा आता रहता है। फिर भी क्या जिद करना जरूरी है? जब परिस्थितियाँ हमारे विरुद्ध हैं तो क्या जरूरत है सब कुछ एक ओर रखकर कुछ और पैसों के पीछे भागने की?

मार्था : नहीं, पैसों के लिए नहीं, बल्कि इस देश से छुटकारा पाने और समुद्र के किनारे एक घर बनाने के लिए। अगर तुम इस जिन्दगी से थक गई हो तो मैं भी उकता गई हूँ इस बन्द क्षितिज में मरते हुए रहने से; और अब मैं यहाँ एक महीने से ज्यादा नहीं रह सकती। हम दोनों ही इस होटल से तंग आ गए हैं, और तुम क्योंकि बूढ़ी हो, इसलिए सिर्फ आँखें बन्द करके सब कुछ भूल जाना चाहती हो। लेकिन मैं, मुझमें अब भी, जब मैं बीस साल की थी, तब की कुछ इच्छाएँ बाकी हैं, और मैं उनके साथ कुछ ऐसा करना चाहती हूँ कि उन्हें हमेशा के लिए भूल जाऊँ, चाहे इसके लिए हमें उस जिन्दगी में, जिसे हम छोड़ना चाह रहे हैं, थोड़ा-सा और आगे ही क्यों न बढ़ना पड़े। और यह बहुत आवश्यक है कि इसमें तुम मेरी मदद करो। तुम, जिसने कि मुझे बादलों से घिरी इस दुनिया में जन्म दिया, न कि धूप से चमकती जमीन पर।

माँ : मैं नहीं जानती मार्था, शायद एक तरह मेरे लिए, तुम्हारे भाई का मुझे इस तरह भुला देना ही बेहतर हो, बजाय तुम्हारी ऐसी बातों को सुनने के।

मार्था : तुम अच्छी तरह जानती हो कि मैं तुम्हें दुखी करना नहीं चाहती। *(कुछ खामोशी फिर बहुत भावनाशील होकर)* मैं बिना तुम्हारे क्या करूँगी? तुमसे दूर जाकर क्या बन पाएगा मेरा? मैं तो, कम-से-कम, तुम्हें भूल नहीं पाऊँगी और अगर कभी इस जिन्दगी के बोझ तले दबकर तुम्हारे मान-सम्मान में मुझसे कोई भूल हो गई हो तो उसके लिए माफी चाहती हूँ।

माँ : तुम एक समझदार बेटी हो। शायद कभी-कभी एक बूढ़ी औरत को खुश करना मुश्किल होता है। लेकिन मैं इस समय का फायदा उठाकर तुमसे वह कहना चाहती हूँ जो मैं कुछ देर से कहना चाह रही हूँ : आज शाम नहीं...

मार्था : हैं, क्या! हम कल का इन्तजार करें? तुम अच्छी तरह जानती हो कि हमने पहले कभी ऐसा नहीं किया। हमें उसे चारों ओर से यह जगह देखने, समझने का मौका नहीं देना चाहिए। अपना काम तभी खत्म कर लेना चाहिए जब वह हमारे हाथ में हो।

माँ : मुझे नहीं मालूम। लेकिन आज शाम नहीं। आज रात उसे छोड़ दो। हमें भी कुछ मोहलत मिल

जाएगी। शायद इसी के सहारे हम अपने आपको बचा पाएँगे।

मार्था : हमें अपने आपको बचाना है, यह बात बहुत बेतुकी है। तुम्हें सिर्फ यह उम्मीद करनी चाहिए कि शाम की मेहनत के बाद आराम से सोने का हक मिल जाएगा।

माँ : इसी को तो मैं बच जाना कहती हूँ : सो जाना।

मार्था : मैं कसम खाकर कहती हूँ यह मुक्ति हमारे हाथों में है। माँ, हमें अभी तय करना है। यह काम या तो आज शाम करना होगा या फिर कभी नहीं।

[पर्दा]

अंक दूसरा

दृश्य : एक

[होटल का कमरा। कमरे में धीरे-धीरे सन्ध्या उतर रही है। जान खिड़की से बाहर देख रहा है।]

जान : मारिया ठीक कहती थी, यह समय काटना मुश्किल है। *(कुछ देर चुप्पी)* वह क्या कर रही होगी, क्या सोच रही होगी। वहाँ होटल के अपने कमरे में एक मुर्दा दिल और सूखी आँखें लिये बैठी होगी, बिलकुल सिमटी हुई एक कुर्सी में? वहाँ की शामें आनेवाले सुख का सन्देश लाया करती थीं। लेकिन यहाँ उसके विपरीत...*(वह कमरे को देखने लगता है)* छोड़ो, अकारण ही इतनी बेचैनी क्यों? बस यही समझ लेना होगा कि हमें क्या चाहिए। इसी कमरे में सब तय हो जाएगा।

[दरवाजे पर तेज खटखटाहट। मार्था अन्दर आती है।]

मार्था : आशा है मैं आपके काम में बाधा नहीं डाल रही। मैं आपका तौलिया और पीने का पानी बदलना चाहती थी।

जान : मेरा खयाल है यह तो पहले ही कर दिया गया है।

मार्था : नहीं, यह बूढ़ा नौकर कई बार भूल जाता है।

जान : कोई खास बात नहीं। लेकिन मैं मुश्किल से ही यह कहने का साहस कर सकता हूँ कि आप मेरे किसी काम में बाधा नहीं डाल रहीं।

मार्था : क्यों?

जान : मुझे ठीक से मालूम नहीं कि यह आपके नियमों में शामिल है या नहीं।

मार्था : आप देख रहे हैं, आप बाकी लोगों की तरह जवाब नहीं दे सकते।

जान : *(हँसते हुए)* आवश्यक है कि मैं यहाँ के रिवाजों की आदत डाल लूँ। मुझे कुछ समय दीजिए।

मार्था : *(काम करते हुए)* आप जल्दी जा रहे हैं। आपके पास कुछ भी करने का समय न होगा।

[घूमकर वह खिड़की से बाहर देखने लगता है। मार्था उसे गौर से परखती है। उसकी पीठ ही उसे दिख रही है। वह काम करते-करते ही बात करती है।]

मुझे दुख है श्रीमान् कि यह कमरा इतना आरामदायक नहीं है जितना आप चाहते होंगे।

जान : यह बहुत साफ-सुथरा है, और यही ज्यादा जरूरी होता है। आपने शायद इसे हाल ही में पूरी तरह बदला है?

मार्था : जी! आपको कैसे पता लगा?

जान : ध्यान से देखने पर।

मार्था : वैसे ज्यादातर मेहमान चाहते हैं कि नलों में हर वक्त पानी आता रहे। हम समझते हैं, उनकी माँग गलत नहीं है। काफी दिनों से हम बिस्तर के ऊपर लाइट लगवाना चाह रहे हैं। जिन्हें बिस्तर में पढ़ने की आदत हो, उन्हें स्विच बन्द करने के लिए उठने में बुरा लगता होगा।

जान : *(उसकी तरफ घूमकर)* मैंने अभी तक यह देखा ही नहीं था। लेकिन यह इतनी बड़ी आफत नहीं है।

मार्था : आप बहुत मेहरबान हैं। मुझे खुशी है कि आप हमारे होटल की ज्यादातर खामियों पर ध्यान भी नहीं दे रहे। मैं कुछ ऐसे भी लोगों को जानती हूँ जो इन्हीं खामियों की वजह से होटल बदल लेते।

जान : सख्त नियमों के बावजूद आप मुझे यह कहने की इजाजत दीजिए कि आप बेजोड़ हैं। वास्तव में, जैसा मैं समझता हूँ कोई भी होटलवाला खुद अपनी कमियाँ किसी के सामने नहीं रखता। ऐसा लगता है कि आप मुझसे चले जाने की प्रार्थना कर रही हो।

मार्था : ऐसी कोई बात मेरे ध्यान में नहीं है *(निश्चयात्मक लहजे में)* पर यह जरूर सच है कि माँ और मैं

हम दोनों ही आपको यहाँ स्वीकार लेने में कुछ हिचकिचा रहे थे।

जान : कम-से-कम इतना तो मैंने भी देख ही लिया था कि मुझे यहाँ ज्यादा रोकने की आपकी कोई इच्छा नहीं थी। लेकिन मैं यह नहीं समझ पा रहा कि क्यों? आपको मेरे किराया चुकाने की सामर्थ्य में तो शक है नहीं, और मैं नहीं समझता कि मेरे व्यवहार से आपको ऐसा आभास हुआ हो कि मैं किसी बुरे इरादे से आनेवाला आदमी हूँ।

मार्था : नहीं, नहीं, ऐसा कुछ नहीं है। आपमें बुरी नीयत जैसे कोई लक्षण नहीं हैं। हमारी हिचकिचाहट के कारण कुछ और हैं। हम यह होटल छोड़नेवाले हैं और काफी दिनों से हर रोज अपनी तैयारी शुरू करने के खयाल से इसे बन्द करने की सोचते हैं। हमारे लिए यह आसान था, क्योंकि ग्राहक यहाँ बहुत कम आते हैं। लेकिन आपके आने पर ही हम यह अन्दाजा लगा पाए कि अपना व्यवसाय छोड़ने के बारे में हम किस हद तक गम्भीर हो चुके थे।

जान : तो क्या आप चाहती हैं कि मैं शीघ्र ही चला जाऊँ?

मार्था : मैंने आपसे कहा है कि इसी वजह से हम सकुचा रहे थे, खासतौर से मैं! वास्तव में सब कुछ मुझ पर ही निर्भर करता है और मैं अभी तक कुछ तय नहीं कर पाई हूँ।

जान : यह तो आप याद ही रखें कि मैं आपके रास्ते में नहीं आना चाहता। मैं वही करूँगा जो आप चाहेंगी। हालाँकि मैं यह जरूर कहूँगा कि मुझे एक या दो दिन और ठहरना है। मुझे फिर से अपना भ्रमण शुरू करने से पहले कुछ काम पूरे करने हैं, और यहाँ मुझे वह शान्ति और एकाग्रता मिल सकेगी, जिसकी मुझे आवश्यकता है।

मार्था : विश्वास कीजिए मैं आपकी इच्छा अच्छी तरह समझती हूँ। सचमुच मैं अब भी उसी के बारे में सोच रही हूँ।

[कुछ देर कोई नहीं बोलता। मार्था अनिश्चित-सा एक कदम दरवाजे की ओर बढ़ाती है।]

तो क्या आप उसी जगह वापस जाएँगे जहाँ से आए हैं?

जान : शायद!

मार्था : वह एक खूबसूरत जगह है? है ना?

जान : *(खिड़की से देखते हुए)* हाँ, वह एक बेहद सुन्दर जगह है।

मार्था : मैंने सुना है कि उन क्षेत्रों में समुद्रतट एकदम वीरान है?

जान : हाँ, है! वहाँ इनसान का नामो-निशान तक नहीं है। सुबह-सुबह रेत में समुद्री चिड़ियों के पंजों से बने

निशान मिलते हैं। बस, वही एक संकेत मिलता है जिन्दगी का, और शाम को...

[वह रुक जाता है।]

मार्था : *(धीरे-से)* और शाम को, क्या कह रहे थे आप?

जान : वहाँ की शामें बहुत बढ़िया होती हैं। निस्सन्देह वह एक सुन्दर जगह है।

मार्था : *(एक नए लहजे में)* मैंने बहुत बार उन जगहों के बारे में सोचा है। यहाँ आनेवाले पर्यटकों ने वहाँ के बारे में बहुत कुछ बताया है। जो मैं पढ़ सकती थी, मैंने पढ़ा भी है। बहुत बार, जैसे आज यहाँ के उजाड़ बसन्त के बीच, मैं समुद्र और उसके पास खिलते फूलों के बारे में सोचती रहती हूँ। *(कुछ देर की खामोशी, फिर बहुत मन्द स्वर में)* और मैं अपने खयालों में इतनी खो जाती हूँ कि मुझे अपने चारों ओर के वातावरण का अहसास भी नहीं रहता।

[वह उसे बड़े ध्यान से देखता है और धीरे-से उसके सामने बैठ जाता है।]

जान : यह मैं समझ सकता हूँ। वहाँ की बसन्त ऋतु जैसे बदन में भर जाती है। सफेद दीवारों के ऊपर करोड़ों की संख्या में फूल खिलते हैं। अगर आप मेरे शहर को घेरती हुई पहाड़ी पर घंटे-भर के लिए घूमने

जाएँ तो आपके कपड़े पीले गुलाब के शहद की महक से भर जाएँगे।

[वह भी बैठ जाती है।]

मार्था : कितना अद्‌भुत है यह। जिसे हम यहाँ बसन्त कहते हैं, वह है गिरजाघर के बगीचे में लगा हुआ गुलाब का एक पौधा, जिसमें दो कलियाँ अभी-अभी खिली हैं! *(तिरस्कार के साथ)* पर यहाँ के लोगों के हृदय में हलचल करने के लिए वही काफी है। लेकिन उनके हृदय भी इस लोभी गुलाब जैसे ही हैं। भारी हवा का सिर्फ एक झोंका उन्हें कुम्हला सकता है। उन्हें उनके काबिल बसन्त ही मिलता है।

जान : आप बेइंसाफी कर रही हैं, क्योंकि आपके यहाँ पतझड़ भी तो आता है।

मार्था : यह पतझड़ क्या होता है?

जान : एक दूसरा बसन्त, जब सब नए-नए पत्ते फूल जैसे लगते हैं। *(वह उसे बहुत उत्सुकता से देखता है)* स्वभावत: कुछ लोग भी इसी तरह खिलते हैं, अगर तुम धीरज के साथ उनकी मदद करो।

मार्था : मेरे पास तो अब और धीरज बचा ही नहीं इस यूरोप के लिए, जहाँ पतझड़ बसन्त बनकर आता है और बसन्त अपने साथ लाता है सारे जगत की व्यथा। लेकिन इस दूसरी जगह की कल्पना करके

मेरा मन बहका जा रहा है, जहाँ गर्मी से सब कुछ सराबोर हो जाए, जहाँ शीतकालीन बारिश में पूरा शहर पानी में डूब जाए और जहाँ सब कुछ वही हो, जो कि वास्तव में वह है।

[कुछ खामोशी। वह उसे लगातार बढ़ती जा रही जिज्ञासा से देखता है? यह देखकर मार्था एकदम तेजी से उठ जाती है।]

आप मुझे ऐसे क्यों देख रहे हैं?

जान : माफ कीजिए, लेकिन यह देखते हुए कि हम अपने नियम छोड़ चुके हैं, मैं कह सकता हूँ कि अब पहली बार, आपने मुझसे एक इनसान की तरह, सहृदयता से बात की है।

मार्था : *(बहुत आवेग से)* निस्सन्देह आप फिर गलती कर रहे हैं। अगर यह सच भी होता तो भी इसमें आपके खुश होने का कोई कारण नहीं है। मानवता के जो कुछ लक्षण मुझमें हैं, वे मेरे स्वभाव के सर्वश्रेष्ठ गुण नहीं हैं। मुझमें इतनी ही मानवता है, जितनी मैं चाहती हूँ और सिर्फ वही पाने के लिए जो कि मैं चाहती हूँ। मेरा विश्वास है, मैं अपने रास्ते में आड़े आनेवाली हर चीज को खत्म कर दूँगी।

जान : *(हँसता है)* इस तरह के आवेग को मैं समझता हूँ। इससे मुझे तो डरने की कोई आवश्यकता ही नहीं, क्योंकि मैं आपके रास्ते में कोई रुकावट नहीं डाल

रहा। न मुझे कोई चीज आपकी इच्छा को अवरुद्ध करने को बाध्य कर सकती है।

मार्था : आपके पास, हो सकता है, उसके अवरोध का कारण न हो। लेकिन उसे बढ़ावा देने का भी तो आपके पास कोई कारण नहीं है—कभी-कभी इससे सब कुछ उलटा हो जाता है।

जान : यह किसने कहा कि मेरे पास आपकी इच्छाओं को बढ़ावा देने का कोई कारण नहीं है?

मार्था : मेरे व्यावहारिक ज्ञान ने, आपको अपनी योजनाओं से बाहर रखने की मेरी इच्छा ने।

जान : अगर मैं ठीक समझ रहा हूँ तो हम वापस अपने नियमों पर लौट आए हैं।

मार्था : हाँ, आपने देख लिया ना, उन्हें त्यागकर हमने गलती की थी। सिर्फ उन जगहों के बारे में बताने के लिए, जिन्हें आप जानते हैं, मैं आपको धन्यवाद देती हूँ और आप अपना इतना समय बरबाद करने के लिए मुझे माफ करिएगा।

[वह दरवाजे तक पहुँच चुकी है।]

फिर भी मुझे कहना चाहिए कि मेरे लिए यह समय कदापि बरबाद नहीं हुआ। इसने मुझमें वे अभिलाषाएँ जगा दीं, जो शायद सो चुकी थीं। अगर यह सच है कि आप यहाँ ठहरना चाहते हैं तो आपने, बिना जाने ही, अपना पक्ष जीत लिया। मैं यहाँ करीब-

करीब पक्का करके आई थी आपसे चले जाने को कहने के लिए, लेकिन आप देख रहे हैं कि आपने मेरे अन्दर मानवीय भावनाओं को जाग्रत कर दिया है और अब मैं चाहती हूँ कि आप यहीं ठहरें। यहाँ जीतकर ही समुद्र और धूप-भरी जगहों की मेरी तीव्र इच्छा पूरी होगी।

[वह उसे कुछ क्षण एकदम स्तब्ध होकर देखता है।]

जान : *(सोचते हुए)* आपकी बातें बड़ी अजीब हैं। लेकिन मैं ठहरूँगा, अगर इजाजत हो तो, और अगर आपकी माँ को भी किसी तरह की कोई असुविधा न हो तो।

मार्था : माँ की इच्छाएँ इतनी प्रबल नहीं हैं जितनी मेरी। और यह स्वाभाविक ही है। इसीलिए आपकी मौजूदगी की इच्छा भी उन्हें इतनी नहीं है। वे समुद्र और उसके उन्मत्त तटों के बारे में इतना सोच भी नहीं पातीं कि उन्हें आपका यहाँ ठहरना जरूरी दिखे। यह तो सिर्फ मेरे लिए जरूरी है। लेकिन इसके साथ ही उनके पास ऐसे भी कोई खास कारण नहीं हैं कि वे मेरी इच्छाओं का विरोध करें। और इस प्रश्न के निर्णय के लिए इतना काफी है।

जान : अगर मैं आपका आशय समझ रहा हूँ तो आपमें से एक मुझे शौक से स्वीकार करेगी और दूसरी उदासीनता से।

मार्था : इससे ज्यादा एक मुसाफिर और क्या माँग सकता है?

[वह दरवाजा खोलती है।]

जान : इसका मतलब अब मुझे खुश होना चाहिए। लेकिन सच मानिए, यहाँ मुझे सब कुछ बहुत ही अजीब लग रहा है, बातें भी और लोग भी। यह होटल वास्तव में बड़ा विचित्र है।

मार्था : शायद इसलिए कि आप स्वयं विचित्र तरीके से पेश आ रहे हैं।

[वह चली जाती है।]

दृश्य : दो

जान : *(दरवाजे का ओर देखते हुए)* शायद, वास्तव में... *(पलँग की ओर जाते और उस पर बैठते हुए)* लेकिन यह लड़की मुझमें यहाँ से चले जाने, मारिया से मिलने और फिर से खुश होने की इच्छा जगा रही है! निहायत बेवकूफी है यह सब। क्या कर रहा हूँ मैं यहाँ? लेकिन नहीं, अपनी माँ और अपनी बहन के प्रति भी मेरी जिम्मेदारी है। मैंने उन्हें बहुत दिन भुलाए रखा है *(उठता है)* हाँ, यह सब इसी कमरे

में तय होगा।...

कितना ठंडा है यह, फिर भी! मैं तो यहाँ कुछ भी नहीं पहचान पा रहा। सब कुछ नया लगता है। अब तो यह विदेशी शहरों में बने होटलों के उन सभी कमरों जैसा हो गया है, जहाँ कि हर रात अकेले आदमी आते हैं। मुझे भी इसका अनुभव है। ऐसा लग रहा है जैसे मुझे किसी बात का जवाब ढूँढ़ना हो। हो सकता है वह जवाब मुझे यहाँ मिल जाए। *(बाहर देखता है)* आसमान ढका हुआ है। और यह है मेरी पुरानी वेदना, यहाँ, मेरे तन की गहराई में एक बड़े घाव को तरह, जिसमें जरा से हिलने से भी तकलीफ होती है। मुझे उसका नाम मालूम है। यह है अनंत अकेलेपन से भय, डर कि कोई जवाब नहीं मिलेगा। लेकिन होटल के इस कमरे में कौन जवाब देगा?

[वह घंटी की तरफ बढ़ता है। कुछ संकोच से घंटी बजाता है। कोई आवाज नहीं आती। एकदम खामोशी भरा एक क्षण। किसी के कदमों की आवाज। एक बार कोई दरवाजे पर खटखटाता है। दरवाजा अपने आप खुलता है। उसकी चौखट पर बूढ़ा नौकर खड़ा दिखता है। पर न तो वह हिलता है, न कुछ बोलता है।]

कोई बात नहीं है, माफ कीजिए। मैं सिर्फ यह जानना चाहता था कोई जवाब देता है या नहीं, या यह घंटी काम कर रही है या नहीं।

[वृद्ध उसे देखता है। फिर दरवाजा बन्द कर देता है। पैरों की आवाज दूर होती जाती है।]

दृश्य : तीन

जान : घंटी बजती है लेकिन वह बोलता नहीं। यह कोई जवाब हो सकता है? *(आसमान की ओर देखता है)* क्या करना चाहिए?

[कोई दो बार द्वार खटखटाता है। उसकी बहन एक ट्रे लेकर आती है।]

दृश्य : चार

जान : यह क्या लाई हो?

मार्था : चाय, जो आपने मँगाई थी।

जान : मैंने तो कुछ नहीं मँगाया।

मार्था : ओह! बूढ़े ने गलत सुन लिया होगा। वह ज्यादातर आधी बात ही समझता है।

[ट्रे मेज पर रख देती है। जान 'क्या करे' की भंगिमा देता है।]

आप कहें तो इसे वापस ले जाऊँ?

जान : नहीं, नहीं, बल्कि मैं आपका शुक्रिया अदा करता हूँ।

[वह उसे गौर से देखती है। फिर चली जाती है।]

दृश्य : पाँच

जान : *(चाय का कप उठाते, उसे ध्यान से देखते और फिर वापस रखते हुए)* एक मग बीयर, लेकिन मुझसे पैसे लेकर; एक कप चाय, लेकिन वह गफलत से *(वह चाय का कप पुन: उठाते और उसे चुपचाप पकड़े रहकर धीरे-से)* ओ मेरे भगवान, या तो मुझे सही शब्द सूझा या वह रास्ता दिखा जिससे मैं यह निरर्थक प्रयास छोड़कर वापस मारिया का प्यार पा सकूँ। मुझे इतनी शक्ति दे कि जो मैं चाहता हूँ वह चुन सकूँ और फिर उस पर दृढ़ रह सकूँ।

(हँसता है) चलो, सैलानी बेटे के घर-लौटने के जश्न के सम्मान में!

[वह पीता है। दरवाजे पर जोर से दस्तक।]

कौन है?

[दरवाजा खुलता है। माँ अन्दर आती है।]

दृश्य : छह

माँ : माफ कीजिए श्रीमान्, मेरी बेटी ने बताया कि उसने आपकी चाय पहुँचा दी है।

जान : आप देख ही रही हैं।

माँ : आपने पी ली?

जान : हाँ, क्यों?

माँ : तकलीफ माफ करें, मैं यह ट्रे वापस ले जाऊँगी।

जान : *(मुस्कराते हुए)* मुझे खेद है, आपको आना पड़ा।

माँ : कोई बात नहीं। वास्तव में यह चाय आपके लिए नहीं थी।

जान : ओह, अब समझ में आया। आपकी लड़की इसे मेरे लिए बिना माँगे ही ले आई थी।

माँ : *(क्लान्ति से)* अच्छा, यह बात है। बेहतर होता अगर...

जान : *(आश्चर्य से)* सच मानिए, मुझे अफसोस है, लेकिन आपकी बेटी इसे मेरे पास छोड़ना चाहती थी और मैं नहीं जानता था...

माँ : मुझे भी अफसोस है। लेकिन आप परेशान न हों। यह सिर्फ एक गलती थी।

[वह ट्रे में सामान रखकर जाने लगती है।]

जान : सुनिए।

माँ : जी?

जान : मैंने अभी एक निश्चय किया है : मैं सोच रहा हूँ मैं आज शाम को ही चला जाऊँगा, खाने के बाद। कमरे का किराया अवश्य दूँगा। *(वह उसे चुपचाप देखती रहती है)* आप मुझे कुछ हैरान लग रही हैं। लेकिन विश्वास कीजिए आपकी इसमें कोई जिम्मेदारी नहीं है। आप लोगों के लिए मेरे हृदय में सद्भावना है, बहुत गहरी सद्भावना। लेकिन अगर सच पूछें तो मुझे यहाँ कुछ अशान्ति-सी महसूस हो रही है। मैं अब यहाँ अपने रहने की अवधि और नहीं बढ़ाना चाहता।

माँ : *(सोचते हुए)* कोई बात नहीं है श्रीमान्, आप हर तरह स्वतंत्र हैं। हो सकता है, खाने के समय तक आप अपनी इच्छा बदल लें। कभी-कभी हम अपने किसी क्षणिक अनुभव के ही कारण कोई प्रतिकूल निर्णय ले लेते हैं, लेकिन बाद में

सब ठीक हो जाता है और फिर हमें आदत-सी पड़ जाती है।

जान : मैं नहीं समझता, ऐसा होगा। लेकिन मैं यह नहीं चाहूँगा कि आप यह समझें कि मैं यहाँ से असन्तुष्ट होकर गया हूँ। इसके विपरीत मैं आपके द्वारा मिले स्नेहपूर्ण स्वागत के लिए बहुत आभारी हूँ, *(कुछ सकुचाते हुए)* यहाँ मुझे एक तरह की सहृदयता महसूस हुई है।

माँ : वह सर्वथा स्वाभाविक थी श्रीमान्! आपके प्रति किसी तरह के विद्वेष का मेरे पास कोई निजी कारण तो नहीं है।

जान : *(भावावेग को नियंत्रित करते हुए)* शायद सचमुच ही। इजाजत हो तो कहना चाहूँगा कि मैं आपके पास से अच्छे सम्बन्ध छोड़कर जाना चाहता हूँ। बाद में शायद मैं वापस आ जाऊँ। उसके बारे में मैं एकदम निश्चिन्त हूँ लेकिन इस वक्त मुझे लग रहा है कि मैंने गलती की है और मैं यहाँ बिलकुल रुकना नहीं चाहता। मेरे मन में बार-बार यह कष्टदायी विचार आ रहा है कि यह होटल मेरे लिए नहीं है।

[वह अभी तक उसकी ओर ध्यान से देख रही है।]

माँ : जी, ठीक है! आमतौर से इस तरह की चीजें हम एकदम अनुभव कर लेते हैं।

जान : आप ठीक कह रही हैं। देखिए, मैं कुछ उलझन में पड़ा हुआ हूँ और फिर एक ऐसी जगह, जो बहुत साल पहले छोड़ी हो, वापस आना कभी इतना आसान नहीं होता। आपको यह समझना चाहिए।

माँ : मैं आपकी बात समझ गई हूँ और उम्मीद करती हूँ कि आपकी मुश्किलें जल्दी सुलझ जाएँ। जहाँ तक हमारा सम्बन्ध है, हम और कोई सहायता आपकी शायद न कर पाएँ।

जान : ओह! यह मुझे मालूम है, और मुझे आपसे कोई गिला नहीं है। यहाँ लौटने के बाद सबसे पहले मैं आप लोगों से मिला, अत: यह स्वाभाविक ही था कि सबसे पहले मैं भी उन समस्याओं का सामना करूँ जो यहाँ मेरा इन्तजार कर रही हैं। दोष सारा मेरा है। मैं कुछ हैरान हो रहा हूँ।

माँ : जब काम बिगड़ना शुरू होता है, हम शायद ही कुछ कर पाते हैं। एक तरह से यह मुझे भी बुरा लग रहा है कि आपने यहाँ से जाने का निश्चय कर लिया है। लेकिन मैं सोचती हूँ, कुछ भी हो, मेरे पास क्या वजह है कि मैं इस बात को महत्त्व दूँ।

जान : यही बहुत है कि आप मेरी समस्या को बाँट रही हैं, मुझे समझने की कोशिश कर रही हैं। मैं नहीं जानता कि मैं ठीक से अभिव्यक्त कर पा रहा हूँ पर जो कुछ आपने अभी कहा है उसमें मुझे बहुत

आराम मिला है। *(वह उसकी तरफ कृतज्ञ भाव से देखता है)* देखिए...

माँ : यह तो हमारा काम है कि हम अपने आपको हर तरह अपने मेहमान के अनुकूल बनाएँ।

जान : *(निरुत्साहित होकर)* आप ठीक कह रही हैं। *(कुछ खामोशी)* मुझे आपसे सिर्फ माफी माँगनी है और अगर आप ठीक समझें तो कुछ मुआवजा देना है...

[वह अपने हाथ से माथा सहलाता है। बहुत थका हुआ लगता है। उसे बोलने में भी मुश्किल महसूस हो रही है।]

आपने तैयारी करवा दी होगी, कुछ खर्चा कर दिया होगा, और यह न्यायोचित ही होगा...

माँ : हम आपसे मुआवजा तो बिलकुल नहीं माँगेंगे। आपकी दुविधा पर मुझे आपके लिए खेद हो रहा था, न कि अपने लिए।

जान : *(मेज का सहारा लेकर खड़ा होता है)* ओह, कोई बात नहीं। जरूरी तो यह है कि हम एक-दूसरे को समझ लें। उम्मीद है मेरे बारे में आपकी राय बहुत ज्यादा खराब न हुई होगी। विश्वास कीजिए, मैं आपका होटल कभी नहीं भूलूँगा और मैं आशा करता हूँ कि जब मैं वापस आऊँगा तब बेहतर मिजाज में होऊँगा।

[वह बिना कुछ कहे हुए दरवाजे की तरफ जाती है।]

सुनिए!

[वह मुड़कर पीछे देखती है। जान बहुत मुश्किल से बात कर पा रहा है लेकिन जो बात शुरू की है खत्म करना चाहता है।]

मैं चाहता हूँ...*(रुक जाता है)* माफ कीजिए, मैं बहुत थक गया हूँ *(बिस्तर पर बैठ जाता है)* मैं कम-से-कम आपका शुक्रिया अदा तो करना ही चाहूँगा... एक बार फिर दोहराना चाहूँगा, जो आप पहले ही जानती हैं कि मैं यह होटल एक भावनाहीन मेहमान की तरह नहीं छोड़ रहा।

माँ : हम आपके लिए कुछ भी नहीं कर पाए हैं श्रीमान्!

[वह चली जाती है।]

दृश्य : सात

[जान उसे बाहर जाते हुए देखता है। हाथ आगे बढ़ाना चाहता है। बेहद थका हुआ प्रतीत हो रहा है। तकिए पर कुहनी गड़ाकर लेट रहा है और ऐसा लगता है कि अब उसने अपने आपको बढ़ती हुई शिथिलता के हवाले कर दिया है।]

जान : मैं कल मारिया के साथ दुबारा आऊँगा, और कहूँगा 'मैं आ गया'। मैं इन सबको खुश कर

दूँगा। यह सब कुछ तो स्पष्ट है। मारिया ठीक कहती थी।

[लम्बी साँस लेता है, थोड़ा और लेट जाता है।]

ओह, मुझे आज की यह शाम अच्छी नहीं लग रही, जिसमें कि सब कुछ इतना दूर लग रहा है।

[पूरी तरह लेट गया है। अब उसके शब्द मात्र बुदबुदाहट में बदल गए हैं ठीक से सुनाई भी नहीं दे रहे।]

हाँ या ना?

[वेग से हिलता है। फिर लुढक जाता है। रंगमंच पर अँधेरा। लम्बे समय के लिए खामोशी। दरवाजा खुलता है। एक रोशनी लिये हुए दोनों औरतें आती हैं। वृद्ध सेवक उनके पीछे-पीछे आता है।]

दृश्य : आठ

मार्था : *(जान के शरीर पर रोशनी डालकर। बिलकुल दबी हुई आवाज में)* वह सो रहा है।

माँ : *(वैसी ही आवाज में, लेकिन धीरे-धीरे जोर से बोलते हुए)* नहीं मार्था! यह जबर्दस्ती मुझे इसमें धकेल देना

है, जो मुझे बिलकुल पसन्द नहीं। तूने इस बार मुझे अपने साथ घसीटा है। तूने शुरुआत कर दी, जिससे मुझे खत्म करना ही पड़े। मेरी हिचकिचाहट की इस तरह उपेक्षा करना मुझे बिलकुल पसन्द नहीं।

मार्था : यह तो एक तरीका है सब कुछ आसान कर देने का। जिस मुश्किल में तुम थीं, मेरा फर्ज था काम अपने हाथ में लूँ और तुम्हारी मदद करूँ।

माँ : मैं अच्छी तरह जानती हूँ कि यह होना ही था। इसे रोका नहीं जा सकता था। लेकिन मुझे यह पसन्द नहीं।

मार्था : अब कल के बारे में सोचिए और चलिए, जल्दी-जल्दी काम खत्म करें।

[वह कोट की जेब में से बटुआ निकालती है। उसमें रखे नोट गिनती है। फिर जान की सारी जेबें हाथ डाल-डालकर देखती है। इसी बीच उसका पासपोर्ट गिर जाता है और पलँग के पीछे फिसल जाता है। बिना मार्था या उसकी माँ के देखे हुए वह बूढ़ा नौकर उसे उठा लेता है और चला जाता है।]

लो, सब तैयार है। कुछ ही देर में नदी में पानी भर जाएगा। चलो, नीचे चलते हैं। हम इसे तब लेने आएँगे, जब बाँध के ऊपर से पानी बहने की आवाज आने लगेगी। चलो!

माँ : *(बहुत शान्ति से)* नहीं, हम यहीं ठीक हैं।

[वह बैठ जाती है।]

मार्था : लेकिन *(माँ की ओर टकटकी लगाकर देखती है। फिर अवज्ञा से)* यह मत सोचना कि ऐसे मैं डर जाऊँगी। यहीं इन्तजार कर लो।

माँ : हाँ, इन्तजार करो। इन्तजार करना अच्छा होता है, आराम देता है। थोड़ी देर में इसे पूरे रास्ते, ठीक नदी तक ले जाना पड़ेगा। और मैं पहले से ही थकी हुई हूँ, एक इतनी पुरानी थकान से कि मेरा लहू भी अब उसे सह नहीं पाता *(वह बैठे-बैठे ऐसे हिलती है जैसे ऊँघ रही हो)*। यहाँ रहते सारे समय उसने किसी पर कोई शक नहीं किया। अब वह शान्त है। इस दुनिया से उसके सम्बन्ध खत्म हो चुके हैं। आगे उसके लिए सब कुछ आसान होगा। वह एक प्रतिबिम्ब-भरी नींद से एक बहुत गहरी स्वप्न-शून्य नींद में पदार्पण कर लेगा और सारी दुनिया के लिए जो एक भयंकर बिछोह है, उसके लिए सिर्फ एक लम्बी नींद होगी।

मार्था : *(उसी अवज्ञापूर्ण लहजे में)* तो हमें खुशी मनानी चाहिए। मैं उससे नफरत नहीं करती थी और मैं खुश हूँ कि कम-से-कम वह किसी तरह के कष्ट से तो बच गया। लेकिन... मुझे लग रहा है अब नदी में पानी चढ़ गया है। (ध्यान से सुनती है, फिर

मुस्कराती है*)* माँ, माँ, अब जल्दी ही सब खत्म हो जाएगा।

माँ : *(अपने उसी तरीके से)* हाँ, सब खत्म हो जाएगा। पानी चढ़ आया है। इस पूरे समय उसने किसी पर शक नहीं किया। वह सो गया है। अब उसे न तो निर्णय लेने की थकान का अहसास होगा, न काम खत्म करने की थकान का। वह सो गया। अब उसका और अधिक क्षरण नहीं हो सकता, न उस पर किसी तरह की जबर्दस्ती चल सकती है, जो वह करने में असमर्थ है उसे करने की उम्मीद अपनी देह से, अब वह खुद भी नहीं कर सकता। अब तो वह आन्तरिक जिन्दगी की उस सूली से मुक्त है, जिसमें शान्ति, मनोरंजन और दुर्बलता वर्जित है...वह सो रहा है, कुछ सोच नहीं रहा, अब उसका न कोई फर्ज है, न काम। और मैं बड़ी और थकी हुई, ओह, मेरी कितनी इच्छा है अब सो जाने की और फिर जल्दी ही मर जाने की *(खामोशी)* तूने कुछ कहा मार्था?

मार्था : नहीं, मैं सुन रही हूँ। मैं पानी की आवाज का इन्तजार कर रही हूँ।

माँ : बस अभी, सिर्फ एक क्षण में। हाँ, एक क्षण और। इस समय कम-से-कम सुख तो सम्भव है।

मार्था : सुख सम्भव होगा बाद में। पहले नहीं।

माँ : तुम्हें मालूम है मार्था, कि वह आज शाम जाना चाहता था?

मार्था : नहीं, यह मालूम नहीं था। लेकिन मालूम होता है, तब भी मैं यही करती। मैंने यह निश्चय कर लिया था।

माँ : उसने मुझसे यह अभी कहा था, कुछ समय पहले और मैं समझ न पाई कि क्या जवाब दूँ।

मार्था : इसका मतलब, तुम उससे मिली थीं?

माँ : मैं यहाँ आई थी, उसे पीने से रोकने के लिए। लेकिन तब तक तो बहुत देर हो चुकी थी।

मार्था : हाँ, बहुत देर हो चुकी थी। और चूँकि अब यह तुम्हें बताना जरूरी है उसने ही मुझसे यह फैसला कराया। मैं तो हिचकिचा रही थी। लेकिन उसने मुझे उन स्थानों के बारे में, जिनका मैं इन्तजार करती थी, अनेक बातें बताईं और इस तरह मेरे मन को कुरेद कर वह मेरा दुश्मन हो गया। यह पुरस्कार होता है भोलेपन का।

माँ : आखिर में उसे कुछ शक हो गया था। वह मुझसे कह रहा था कि यह होटल उसका घर नहीं है।

मार्था : *(जोर से, गुस्से में)* और यह होटल, वास्तव में उसका घर नहीं था। वैसे यह होटल तो किसी के लिए भी घर नहीं है। किसी को यहाँ अपनापन और व्यवहार की स्वच्छन्दता कभी नहीं मिलेगी। अगर वह पहले ही यह समझ लेता तो शायद बच जाता और हमें भी जरूरत न पड़ती उसे यह बताने की कि यह कमरा इसलिए बना है कि इसमें सो सके

और यह दुनिया इसलिए, कि इसमें मर सके। बहुत हो गया अब, हम...*(दूर से पानी की आवाज आती है)* सुनो, पानी बाँध के ऊपर से बह रहा है। चलो माँ, और उस भगवान के ही वास्ते जिसकी दुहाई तुम कभी-कभी देती हो, यह काम खत्म करने में मेरी मदद करो।

[माँ पलँग की ओर एक कदम बढ़ाती है।]

माँ : चलो! लेकिन मुझे लग रहा है अब सवेरा कभी नहीं होगा।

[पर्दा]

अंक तीसरा

दृश्य : एक

[माँ, मार्था और नौकर तीनों रंगमंच पर हैं। बूढ़ा झाड़ू लगा रहा है और कमरा ठीक कर रहा है। मार्था काउंटर के पीछे है। बाल पीछे को काढ़ रखे हैं। माँ दरवाजे की ओर जा रही है।]

मार्था : देखा माँ, सवेरा हो गया।

माँ : हाँ! कल मैं समझूँगी कि अच्छा हुआ जो यह काम खत्म हो गया। इस समय तो मुझे कुछ नहीं सूझ रहा सिवाय अपनी थकान के।

मार्था : बरसों बाद यह पहली सुबह है कि मैं साँस ले पा रही हूँ। मुझे तो अब समुद्र का किल्लोल सुनाई दे रहा है। मेरे अन्दर एक ऐसी खुशी भर गई है कि मन चिल्लाने को कर रहा है।

माँ : अच्छा है मार्था, बहुत अच्छा है। मैं तो इस वक्त अपने-आपको इतनी बूढ़ी महसूस कर रही हूँ तुम्हारे

साथ में कुछ भी नहीं बाँट सकती। कल सब ठीक हो जाएगा।

मार्था : हाँ, सब ठीक हो जाएगा, मैं भी यही आशा करती हूँ। लेकिन तुम फिर दुखी मत होना, और कुछ समय के लिए मुझे भी खुश रहने देना। मैं फिर से वही अल्हड़ तरुणी बन गई हूँ जो थी। मेरा बदन दुबारा उत्तेजित हो रहा है, मेरा मन कर रहा है मैं भागूँ!। ओह, मुझे सिर्फ यह बता दो...

[वह चुप हो जाती है।]

माँ : क्या हो गया है मार्था! मैं तो तुम्हें पहचान नहीं पा रही।

मार्था : माँ! *(सकुचाती है, फिर बहुत जल्द)* क्या मैं अब भी सुन्दर लगती हूँ?

माँ : तू सुन्दर लग रही है, आज। पाप रूपवान हो उठा है।

मार्था : पाप से अब क्या फर्क पड़ता है? मेरा तो जन्म ही दुबारा हुआ है। अब मैं इस धरती पर वहाँ जाकर रहूँगी, जहाँ मैं खुश रह सकूँ।

माँ : ठीक है। मैं अब आराम करने जाती हूँ। मुझे यह देखकर बड़ी सान्त्वना मिल रही है कि जिन्दगी आखिर शुरू तो हुई तेरे लिए।

[बूढ़ा नौकर ऊपर सीढ़ियों पर दिखता है। मार्था की तरफ उतरता है। उसे पासपोर्ट

देता है। बिना कुछ कहे बाहर चला जाता है। मार्था पासपोर्ट खोलकर पढ़ती है, बिना किसी प्रतिक्रिया के।]

यह क्या है?

मार्था : *(बहुत शान्त आवाज में)* उसका पासपोर्ट! पढ़िए।

माँ : तुम्हें अच्छी तरह मालूम है मेरी आँखें बहुत थक गई हैं।

मार्था : पढ़िए! तुम्हें उसके नाम का तो पता लगेगा।

[माँ पासपोर्ट लेती है। एक मेज के सहारे बैठने के लिए जाती है। पासपोर्ट को अच्छी तरह खोलकर पढ़ती है। वह बहुत देर तक अपने सामने खुले सफे को देखती रहती है।]

माँ : *(भावहीन आवाज में)* ठीक है। मैं तो हमेशा से जानती थी कि एक दिन वह इसी तरह कहीं से आएगा और उसका अन्त हो जाएगा।

मार्था : *(काउंटर के सामने आकर खड़ी हो जाती है)* माँ!

माँ : *(उसी आवाज में)* छोड़ दे, मार्था, अब मैं बहुत जी चुकी। मैं अपने बेटे से भी कहीं ज्यादा जी चुकी। मैंने उसे पहचाना नहीं, और मार दिया। अब मैं उससे उस नदी की सतह पर मिल सकूँगी, जहाँ घास-पात ने उसका चेहरा भी ढक दिया होगा।

मार्था : माँ! तुम मुझे अकेले छोड़ जाओगी?

माँ : तुमने मेरी बहुत मदद की मार्था, और मुझे दुख है तुम्हें छोड़ने का। अगर इससे अब कोई फायदा होता हो तो मैं कह सकती हूँ कि अपनी तरह से तुम एक बहुत अच्छी बेटी रहीं मेरी। तुमने हमेशा मेरी इतनी इज्जत की, जितनी करनी चाहिए थी। लेकिन अब मुझमें दम नहीं है और मेरे पुराने दिल को, जो सब तरफ से विरक्त हो चुका है, अभी-अभी फिर बहुत दर्दनाक धक्का लगा है। अब मैं इतना सहन नहीं कर सकती। वैसे भी जब एक माँ अपने बेटे को पहचानने में असमर्थ हो तो इसका मतलब है कि इस धरती पर रहने का उसका हक खत्म हो गया।

मार्था : नहीं, उसकी बेटी का सुख अभी सुरक्षित नहीं। जो तुमने मुझसे कहा, मैं समझ नहीं पाई। मैं तुम्हारे शब्द पहचान नहीं पा रही। क्या तुमने मुझे नहीं सिखाया कि किसी बात की परवाह नहीं करनी चाहिए?

माँ : *(उसी तटस्थ आवाज में)* हाँ, लेकिन मैंने अभी-अभी सीखा है कि मैं कितनी गलत थी, और इस धरती पर, जहाँ किसी भी बात का भरोसा नहीं होता, हम अपने सपने सँजोते हैं। *(बहुत कष्ट से)* एक माँ का अपने बेटे के लिए प्यार... आज मैं उसी के लिए दृढ़ संकल्प हूँ।

मार्था : क्या आज तुम्हें यह विश्वास नहीं रहा कि एक माँ अपनी बेटी को भी तो प्यार कर सकती है?

माँ : मैं इस वक्त तुम्हें दुखी करना नहीं चाहती मार्था, पर यह सच है कि यह एक ही बात नहीं होती। यह प्यार इतना गहरा नहीं होता। अपने बेटे का प्यार कैसे भुला पाऊँगी मैं?

मार्था : *(अकस्मात विस्फोट की तरह)* अच्छा प्यार था जो तुम्हें बीस साल के लिए भूल गया!

माँ : हाँ, सच्चा प्यार था जो बीस साल की चुप्पी के बावजूद जिन्दा रहा। अब उसका महत्त्व ही क्या है? पर यह प्यार मेरे लिए बहुत सुन्दर है, क्योंकि मैं उसके बिना अब जी नहीं सकती।

[वह उठ जाती है।]

मार्था : यह सम्भव नहीं कि तुम बिना किसी विद्रोह की ओट लिये और बिना अपनी बेटी के लिए कुछ भी सोचे यह सब कर रही हो।

माँ : नहीं, मैं किसी के लिए कुछ नहीं सोच रही, विद्रोह के बारे में तो बिलकुल नहीं। यह तो एक सजा है मार्था, और मैं समझती हूँ कि एक समय आता है जब सब हत्यारे मेरी ही तरह हो जाते हैं—अन्दर से एकदम शून्य, निर्जीव, बिना किसी भविष्य के। इसी वजह से हम उन्हें हटा देते हैं अपने बीच से, वे किसी काम नहीं आ सकते।

मार्था : मुझे उस भाषा से नफरत है, जिसमें तुम बात कर रही हो। मैं तुम्हारे मुँह से पाप और सजा की बातें नहीं सुन सकती।

माँ : जो मेरे मुँह में आया, मैंने कह दिया, ज्यादा कुछ नहीं। आह! मैंने अपनी स्वाधीनता खो दी, अब यह नरक का आरम्भ हो गया।

मार्था : *(उसकी ओर आते हुए बुरी तरह बिफरकर)* ऐसे तुम पहले तो नहीं कहा करती थीं। इतने सालों से तुम मेरा साथ देती रही हो और अपने मजबूत हाथों से उन्हें पकड़ती रही हो जिन्हें मारने का हमने निश्चय कर लिया था। तब तुम स्वाधीनता और नरक की बातें नहीं करती थीं। यह सब तुम अब तक करती रहीं। अब तुम्हारा बेटा इसे कैसे बदल सकता है?

माँ : मैं ऐसा करती रही, यह सच है। लेकिन आदतन, निर्जीव की तरह। एक गहरे दुख की जरूरत थी सब कुछ बदल देने के लिए। यही मेरे बेटे के आने से हुआ। *(मार्था कुछ कहना चाहती है)* मैं जानती हूँ मार्था, यह तर्कसंगत नहीं है। एक हत्यारिन के लिए दुख का क्या महत्त्व है? लेकिन तुम यह भी देखोगी कि यह माँ का सच्चा दुख नहीं है; मैं चीखी-चिल्लाई नहीं हूँ। यह और कुछ नहीं, सिर्फ प्यार के पुनर्जन्म का कष्ट है, और फिर भी मेरे लिए बहुत ज्यादा है! मैं यह भी जानती हूँ कि

इस कष्ट का कोई कारण भी नहीं है। *(नए लहजे में)* लेकिन यह संसार स्वयं भी तो कारण-सम्पन्न नहीं और यह मैं दावे के साथ कह सकती हूँ, मैं, जिसने कि शुरू से आखिर तक सब कुछ आजमाया है।

[बहुत ही निश्चित कदमों से दरवाजे की ओर जाती है, लेकिन मार्था उसके पहले ही आगे बढ़कर दरवाजे को घेर लेती है।]

मार्था : नहीं माँ, तुम मुझे छोड़कर नहीं जा सकतीं। यह मत भूलो कि मैं वही हूँ जिसने तुम्हारा साथ दिया, जबकि वह चला गया। मैं पूरी जिन्दगी तुम्हारे साथ रही। और वह चुपचाप तुम्हें छोड़कर चला गया। इसका फल तो मिलना ही चाहिए। यह भी तो खाते में जमा होना चाहिए, और तुम्हें मेरे पास वापस लौटना चाहिए।

माँ : *(धीरे-से)* यह सच है मार्था, लेकिन वह, उसकी जान जो मैंने ले ली!

[मार्था कुछ पीछे हट गई है। दरवाजे की तरफ देख रही है।]

मार्था : *(कुछ देर चुप रहकर भावावेग में)* जिन्दगी जितना एक पुरुष को दे सकती थी, उसे मिला। उसने यह जमीन छोड़ दी थी। वह दूसरे अन्तरिक्षों में घूमा,

रहा, समुद्र के पास, स्वतंत्र लोगों में। मैं हमेशा यहीं रही, तुच्छ और उदास, उकताहट में, इस भूभाग के अन्तःकरण में धँसी हुई, और मैं बड़ी हुई, जमीन की ठोस कठोरता में। किसी ने कभी मेरे अछूते ओठों को नहीं चूमा, और कभी तुमने भी मेरे इस बदन को निर्वस्त्र नहीं देखा। माँ, मैं तुमसे सौगन्ध उठाकर कह सकती हूँ—इसका फल तो मुझे मिलना चाहिए। और इस निराधार तर्क के सहारे कि एक आदमी मर गया है, तुम मुझसे वह सब कुछ, जिस पर मेरा हक है, उस समय नहीं छीन सकतीं जब मैं उसे प्राप्त करनेवाली हूँ। यह समझने की कोशिश करो माँ, कि जिस आदमी ने जिन्दगी जी है, उसके लिए मौत बहुत छोटी-सी चीज है। हम—मैं अपने भाई को, और तुम अपने बेटे को भूल सकते हैं। जो कुछ उसके साथ गुजरा, कोई महत्त्व नहीं रखता। उसे कुछ पता ही नहीं चला, वह बेसुध था। लेकिन मुझे तुम उन सब चीजों से वंचित रखोगी, मेरे लिए वह सब नामंजूर कर दोगी, जो उसे हमेशा मिलता रहा? क्या यह जरूरी है कि वह मुझसे अब माँ का प्यार भी छीन ले और तुम्हें हमेशा के लिए अपनी बर्फ-जैसी जमी हुई नदी में ले जाए?

[दोनों चुपचाप एक-दूसरे को देखती हैं। फिर मार्था अपनी आँखें झुका लेती है।]

(बहुत धीरे से) मैं तो बहुत कम में ही सब्र कर लूँगी। माँ, कुछ ऐसे भी शब्द हैं जो मैं कभी कह नहीं सकती, लेकिन मेरे खयाल में, अच्छा होगा यदि हम अपनी पहलेवाली जिन्दगी दुबारा शुरू कर दें

[माँ अब उसके काफी करीब आ चुकी है।]

माँ : तुमने उसे पहचान लिया था?

मार्था : *(अपना सिर तेजी से ऊपर उठाते हुए)* नहीं, मैंने उसे नहीं पहचाना था। मुझे उसकी शक्ल बिलकुल याद नहीं थी। यह तो जैसे होना होता है, हो जाता है। तुमने ही तो कहा था, यह संसार तर्कसम्मत नहीं है। लेकिन यह सवाल पूछकर तुम गलती नहीं कर रहीं, क्योंकि अब मैं यह कह सकती हूँ कि अगर मैं उसे पहचान भी लेती तो कोई फर्क नहीं पड़ता।

माँ : मैं चाहती हूँ यह कभी सच न हो। क्रूर से क्रूर हत्यारे भी कुछ मौकों पर बेबस होकर हथियार डाल देते हैं।

मार्था : मैं भी ऐसे मौके जानती हूँ लेकिन मैं एक अजनबी या निर्मोही भाई के सामने सिर नहीं झुका सकती।

माँ : तो किसके सामने झुका सकती हो?

मार्था : *(सिर झुकाते हुए)* तुम्हारे सामने।

[खामोशी।]

माँ : *(सोचते हुए)* अब बहुत देर हो चुकी मार्था! अब मैं तुम्हारे लिए कुछ नहीं कर सकती। *(घूमकर मार्था की ओर मुँह करते हुए)* क्या तुम रो रही हो मार्था? नहीं, तुम कभी नहीं जानोगी। तुम्हें याद है जब मैं तुम्हें बाँहों में भरकर प्यार किया करती थी?

मार्था : नहीं माँ!

माँ : तुम ठीक कह रही हो। अब तो बहुत समय बीत गया है उन बातों को। मैं भी तुम्हें अपनी बाँहों में लेना बहुत जल्द भूल गई। लेकिन तुम्हारे लिए मेरे प्यार में कभी कमी नहीं आई। *(मार्था को धीरे-से रास्ते से हटाती है। मार्था धीरे-धीरे उसके लिए रास्ता छोड़ती है)* यह सब अब मैं अच्छी तरह देख पा रही हूँ क्योंकि अब मेरा हृदय बोलता है, अब मैं उस समय पर पुनर्विचार कर सकती हूँ जब मैं जीने से घबरा गई थी।

[उसके लिए रास्ता एकदम खाली है।]

मार्था : *(अपने चेहरे को दोनों हाथों में लेकर)* लेकिन, तुम्हारे लिए अपनी बेटी के दुख से भी ज्यादा कौन-सी चीज है?

माँ : थकान हो सकती है, और आराम की तृष्णा।

[इससे पहले कि मार्था उसे रोके, वह बाहर चली जाती है।]

दृश्य : दो

[मार्था दरवाजे की तरफ भागती है। उसे जोर से बन्द कर देती है और उसी से लगकर खड़ी हो जाती है। वह फूट-फूटकर रोने लगती है।]

मार्था : नहीं! अपने भाई का ध्यान रखना मेरी जिम्मेदारी नहीं थी, तिस पर भी अब मैं अपने ही देश में निर्वासित हो गई; मेरी अपनी माँ ने मुझे अस्वीकार कर दिया। लेकिन अपने भाई का ध्यान रखना मेरा काम नहीं था। यह वह अन्याय है जो हम एक निर्दोष के प्रति करते हैं। एक ओर वो है जिसने अब तक वह सब पाया जो चाहा था, जबकि मैं अकेली रह गई, उस समुद्र में भी दूर जिसकी मुझे इतनी प्यास थी। ओह! मुझे उससे नफरत है। मेरी सारी जिन्दगी उस लहर के इन्तजार में निकल गई जो मुझे ऊपर उठानेवाली थी और अब मैं जानती हूँ वह कभी नहीं आएगी। अब तो मुझे यहीं जीना पड़ेगा अपने दाएँ, बाएँ, आगे, पीछे, सब तरफ लोगों और राष्ट्र-समूहों के साथ, मैदानों और पहाड़ों से घिरे हुए, जो समुद्र से आई हवाओं को रोक लेते हैं और लगातार अपनी बातों और भुनभुनाहट से उसकी बार-बार आती

हुई पुकार को दबा देते हैं। *(और भी धीरे-से)* दूसरों की किस्मत अच्छी होती है! कुछ स्थान हैं, समुद्र से बेशक दूर, जहाँ शाम की हवा कभी-कभी अपने साथ समुद्री पौधों की सुगन्ध लाती है, समुद्र के नम तटों की बात करती है, समुद्री चिड़ियों के तीव्र कोलाहल की बात करती है, या उन असीमित बालू-तटों की जो सन्ध्या समय सुनहरे दिखाई देते हैं। लेकिन यहाँ पहुँचने से पहले ही वह हवा खत्म हो जाती है। जो मैं चाहती हूँ वह मुझे कभी नहीं मिलेगा। मैं चाहे जमीन से अपने कान चिपका लूँ, लहरों की थपथपाहट मुझे कभी सुनाई नहीं देगी, न ही एक उन्मत्त समुद्र की अविराम किल्लोल। जो मैं चाहती हूँ उससे बहुत दूर हूँ और यह दूरी किसी भी तरह कम नहीं हो सकती। मैं उससे नफरत करती हूँ इसलिए कि वह वो सारी चीजें हासिल कर सका, जो उसने चाहा। और मुझे, मातृभूमि के नाम पर मिली सब तरफ से घिरी हुई यह स्थूल जगह, जहाँ आसमान भी क्षितिज विहीन है, जहाँ मेरी भूख मिटाने के लिए बेर के ये खट्टे पेड़ हैं, और जहाँ मेरी प्यास मिटाने के लिए सिवाय उस खून के जो मैंने बहाया है, और कुछ नहीं है। इतनी बड़ी कीमत देनी पड़ती है एक माँ के प्यार के लिए।

वह चाहे अब मर जाए, क्योंकि मुझे तो प्यार मिला नहीं। चाहे मेरे चारों तरफ सारे दरवाजे बन्द हो जाएँ। चाहे वह मुझे अब अपने न्यायोचित क्रोध के सहारे छोड़ दे। क्योंकि मरने से पहले, मैं तो अपनी आँखें उठाऊँगी नहीं आसमान से दुआ माँगने के लिए। दूर, वहाँ, जहाँ हम भागकर जा सकते हैं, अपने आपको बचा सकते हैं, अपना शरीर एक और शरीर से सटाकर दबा सकते हैं, लहरों में खेल सकते हैं, समुद्र से सुरक्षित उस जगह में भगवान भी नहीं घुस सकते। लेकिन यहाँ हर तरफ नजर दीवारों से टकराकर रुक जाती है, समूची जमीन जान-बूझकर इस तरह रची गई है कि चेहरा झक मारकर उठे और गिड़गिड़ाती आँखें ऊपर देखें। ओह! मुझे नफरत है इस दुनिया से जहाँ हमें भगवान के सामने इतना हीन कर दिया गया है। लेकिन मैं, जो अन्याय के कारण इतना कष्ट झेल रही हूँ घुटने नहीं टेकूँगी, भले ही वे मुझे मेरा हक भी न दे सकें। और यहाँ, इस जगह, अपने स्थान से वंचित, अपनी माँ द्वारा त्यक्त, अकेले, अपने अपराधों के बीच मैं यह दुनिया बिना कोई सुलह किए छोड़ दूँगी।

[दरवाजे पर खटखटाने की आवाज।]

दृश्य : तीन

मार्था : कौन है?

मारिया : एक मुसाफिर।

मार्था : अब हम किसी मेहमान को कमरा नहीं दे रहे।

मारिया : मैं अपने पति से मिलने आई हूँ।

[वह अन्दर आती है।]

मार्था : *(उसे देखते हुए)* आपका पति कौन है?

मारिया : वे कल यहाँ आए थे और उन्हें आज सुबह मेरे पास आना था। मुझे आश्चर्य है कि उन्होंने ऐसा नहीं किया।

मार्था : उन्होंने कहा था कि उनकी पत्नी विदेश में है।

मारिया : उसके कुछ निजी कारण थे। लेकिन अब हमारा मिलना बहुत जरूरी है।

मार्था : *(उसे लगातार टकटकी लगाकर देखते हुए)* यह आपके लिए मुश्किल होगा। आपके पति अब यहाँ नहीं हैं।

मारिया : क्या कह रही हैं आप? क्या उन्होंने यहाँ एक कमरा नहीं लिया था?

मार्था : एक कमरा लिया था, लेकिन वह रात को ही खाली कर दिया।

मारिया : मैं इस पर कैसे विश्वास कर सकती हूँ। मुझे वे सब कारण मालूम हैं, जिनकी वजह से उन्होंने

यहाँ कमरा लिया था। लेकिन आपके बात करने के तरीके से मुझे बहुत घबराहट हो रही है। जो कुछ आपको मुझसे कहना है, कहिए।

मार्था : मुझे आपसे कुछ नहीं कहना, सिवाय इसके कि आपके पति अब यहाँ नहीं हैं।

मारिया : वे मुझे छोड़कर नहीं जा सकते, आपकी बात मेरी समझ में नहीं आ रही। वे आपके यहाँ से पक्की तौर से कमरा खाली कर गए हैं या उन्होंने दुबारा आने का जिक्र किया था?

मार्था : वे पक्की तरह छोड़कर चले गए हैं।

मारिया : सुनिए! कल से इस अनजान जगह में मैं एक ऐसा इन्तजार कर रही हूँ, जिसने मेरा सारा धैर्य खत्म कर दिया है। अपनी घबराहट से व्याकुल होकर मैं यहाँ आई हूँ, और मैं अपने पति से बिना मिले, या बिना यह जाने कि उन्हें कहाँ ढूँढ़ूँ, वापस जाने के बारे में नहीं सोच सकती।

मार्था : इस बारे में मैं कुछ नहीं कह सकती।

मारिया : आप गलती कर रही हैं। आप इस बारे में काफी कुछ बता सकती हैं। मैं नहीं जानती मेरे पति, मेरा आपसे वह कहना जो मैं अभी कहने जा रही हूँ पसन्द भी करेंगे या नहीं, लेकिन मैं अब तंग आ चुकी हूँ इन उलझनों से। वह आदमी जो यहाँ आपके होटल में कल सुबह आया था,

आपका वही भाई है, जिसका जिक्र आपने बरसों से नहीं सुना।

मार्था : आप मुझे कुछ नया नहीं बता रहीं।

मारिया : *(उत्तेजित होकर)* लेकिन, फिर, आखिर हुआ क्या है? आपका भाई इस होटल में क्यों नहीं है? क्या आप उन्हें पहचानी नहीं और आपकी माँ को और आपको उनके लौटने में खुशी नहीं हुई?

मार्था : आपके पतिदेव अब यहाँ नहीं हैं, क्योंकि वे मर चुके हैं।

[मारिया के बदन में भय की एक लहर दौड़ जाती है, एक क्षण के लिए स्तब्ध रह जाती है और फिर मार्था को अपलक घूरने लगती है। फिर उसके कुछ और पास जाती है और मुस्कराने की कोशिश करती है।]

मारिया : आप मजाक कर रही हैं? जान ने मुझे बहुत बार बताया था कि आपको बचपन में भी लोगों को चकरा देने का बड़ा शौक था। हम दोनों करीब-करीब बहनें हैं, और...

मार्था : मुझे हाथ मत लगाइए और अपनी जगह पर खड़ी रहिए। हम दोनों के बीच कुछ भी समान नहीं है। *(कुछ देर की खामोशी)* आपके पति पिछली रात मर गए, विश्वास कीजिए, मैं कोई मजाक

नहीं कर रही। आपका अब यहाँ कोई काम नहीं है।

मारिया : लेकिन आप पागल हैं, एकदम पागल! आप झूठ बोल रही हैं। ऐसे अचानक कोई कैसे मर सकता है। मैं आपकी बात पर विश्वास नहीं कर सकती। कहाँ हैं? मुझे उन्हें मरा हुआ ही दिखाइए, तभी मैं उस बात पर विश्वास कर पाऊँगी, जिसकी मैंने कभी कल्पना भी नहीं की।

मार्था : यह असम्भव है। वहाँ, जहाँ वे हैं, उन्हें कोई नहीं देख सकता।

[मारिया उसकी तरफ बढ़ती है।]

मुझे हाथ मत लगाइए, और जहाँ हैं वहीं ठहरिए... वे उस नदी के तल में हैं, जहाँ मेरी माँ और मैं पिछली रात, उनके सोने के बाद, उन्हें ले गए थे। उन्हें कोई तकलीफ नहीं हुई, लेकिन उससे यह सचाई नहीं बदलती कि वे मर चुके हैं और हम दोनों ने, मेरी माँ ने, और मैंने, उन्हें मारा है।

मारिया : *(पीछे हटते हुए)* नहीं, नहीं...शायद मैं पागल हो गई हूँ और वे शब्द सुन रही हूँ जो आज तक इस पृथ्वी पर बोले ही नहीं गए। मुझे मालूम था कि यहाँ मेरे लिए कुछ शुभ होनेवाला नहीं है, लेकिन मैं इतने बड़े अनर्थ के लिए तैयार न थी। मैं कुछ

नहीं समझ पा रही, मैं आपको बिलकुल नहीं समझ पा रही...

मार्था : मेरा काम आपको विश्वास दिलाना नहीं, सिर्फ सूचित करने का है। प्रमाण आपको अपने आप मिल जाएगा।

मारिया : *(बेसुध-सी)* क्यों, क्यों किया तुमने ऐसा?

मार्था : तुम मुझसे किस हक से यह पूछ रही हो?

मारिया : अपने प्यार के हक से।

मार्था : इस शब्द का क्या मतलब होता है?

मारिया : इसका मतलब वह सब कुछ होता है जो इस समय मुझे चीर रहा है, मुझे खाए जा रहा है, वह भ्रान्ति जो मेरे हाथों को हत्या के लिए उकसा रही है। ओ पागल औरत, अगर मेरे दिल में यह अविश्वास इस तरह न बैठा होता, और जब मैं तुम्हारा चेहरा अपने नाखूनों से फाड़ती तो तुम्हें इस शब्द का मतलब अच्छी तरह समझ में आ जाता।

मार्था : आप निश्चय ही ऐसी भाषा बोल रही हैं जिसे मैं नहीं समझ पा रही। मुझे प्यार, हर्ष और दर्द जैसे शब्द मुश्किल से ही सुनाई देते हैं।

मारिया : *(बहुत प्रयत्न से)* सुनो और बन्द करो यह खेल, अगर तुम अब तक भी उसे खेल रही हो। फालतू की बातें छोड़ दो और मुझे साफ-साफ वह बताओ जो मैं जानना चाहती हूँ, इससे पहले कि मैं बिलकुल आशा छोड़ दूँ।

मार्था : जितना साफ-साफ मैं आपको बता चुकी हूँ उससे और ज्यादा साफ होना मुश्किल है। हम दोनों ने पिछली रात आपके पति को मार दिया है, उसका धन लूटने के लिए, जैसा कि हम उससे पहले भी कुछ मुसाफिरों के साथ कर चुके हैं।

मारिया : इसका मतलब है कि उनकी माँ और उनकी बहन हत्यारिनें हैं?

मार्था : हाँ!

मारिया : *(अब भी उसी तरह बात करते हुए)* क्या आपको पहले से मालूम था कि वह आपका भाई है?

मार्था : अगर आप जानना ही चाहती हैं, तो यह एक अर्थदोष था। और अगर आप दुनिया को जरा भी समझती हैं तो आपको इससे बिलकुल आश्चर्य नहीं होगा।

मारिया : *(मेज के पास वापस लौटते हुए, अपने सीने पर बन्द मुट्ठी रखे हुए, बहुत धीमी आवाज में)* ओह! मेरे भगवान्! मैं जानती थी कि यह नाटक रक्तरंजित होने के अलावा और कुछ हो ही नहीं सकता, और उसे और मुझे, अपने आपको, इस नाटक के सुपुर्द करने के लिए सजा मिलेगी। दुर्भाग्य सिर पर मँडरा रहा था। *(मेज के सामने रुकती है और मार्था को बिना देखे बोलती रहती है)* वह चाहता था, आप उसे पहचान लें, उसे

अपना घर मिल जाए, आपको वह खुशियाँ दे सके, लेकिन वह आपसे यह सब कह नहीं पा रहा था। और जब वह अपने शब्द ढूँढ़ ही रहा था, आपने उसे मार दिया *(वह रोने लगती है)* और आप दोनों पागलों की तरह अपने इतने सगे की तरफ से, जो आपके पास वापस आया था, अन्धी बनी रहीं...वह इतना अच्छा व्यक्ति था और आपको यह मालूम ही न हुआ कि कितने अभिमानी हृदय और कितनी संकल्पशील आत्मा को आपने अभी-अभी खत्म कर दिया। वह आपका गौरव हो सकता था, जैसे मेरा गौरव था। लेकिन हाय! आप उसकी बैरी निकलीं। आप उसकी दुश्मन हैं, जो इतनी भावहीनता से उसके बारे में बात कर रही हैं। आपको तो उस पीड़ा के कारण गलियों में एक आहत पशु की तरह चिल्लाना चाहिए था!

मार्था : इस तरह निर्णय मत दीजिए, जब आपको पूरे तथ्यों का पता नहीं है। अब तक तो मेरी माँ भी अपने बेटे के पास जा चुकी है। नदी के उफान ने उन दोनों को छीजना भी शुरू कर दिया होगा। जल्दी ही हमें उनके शव मिल जाएँगे और दोनों एक ही जगह मिलेंगे। लेकिन मुझे समझ में नहीं आ रहा कि इसमें मुझे पीड़ा से चिल्लाने की क्या जरूरत है। मानव-हृदय के बारे में मेरे विचार अलग हैं।

और सच पूछो तो आपके आँसुओं से मुझे नफरत हो रही है।

मारिया : *(घूमकर घृणा से उसे देखते हुए)* ये आँसू मेरी उन खुशियों के लिए हैं, जो हमेशा के लिए खो गईं। आपके लिए ये उस क्रूरता से बेहतर हैं जो शीघ्र ही मुझमें आनेवाली है और जो आपको बिना किसी अनुताप के खत्म कर सकती है।

मार्था : इसमें मुझे चुभनेवाली कोई बात नहीं है। सचमुच तो यह बहुत साधारण-सी बात है। मैंने भी बहुत कुछ देखा और सुना है, अपनी बारी पर मैंने भी मरना तय किया है। लेकिन मैं उनके साथ जाना नहीं चाहती। मुझे उनके साथ जाकर क्या करना है। मैं उन्हें उनके नए-नए प्राप्त हुए प्रेम में और एक उदास साथ में रहने दूँगी। उसमें न मुझे कुछ करना है, न आपको। हमसे तो वे हमेशा के लिए मुँह मोड़ गए हैं। खुशकिस्मती से मेरा कमरा अभी मेरे पास है। मुझे अकेले मरने के लिए वह काफी होगा।

मारिया : ओह, अब चाहे तुम मर जाओ, चाहे यह दुनिया खत्म हो जाए। मैं तो जिसे प्यार करती हूँ, उसे खो ही चुकी। अब मुझे इस भयंकर अकेलेपन में ही जीना है, जहाँ स्मृति भी एक गहरी पीड़ा है।

मार्था : *(उसके पीछे जाकर उसके सिर के ऊपर से बात करती है)* इतना बढ़ाइए मत इस बात

को। आप अपना पति खो चुकी हैं, मैं अपनी माँ। आखिरकार हम बराबर हो गए। लेकिन आपने तो उसे सिर्फ एक ही बार गँवाया है, इतने साल उसके साथ हर्षोल्लास में बिताने के बाद और बिना उसके अस्वीकार किए हुए। लेकिन मेरी माँ ने मुझे अस्वीकार कर दिया था और अब वह मर गई—इस तरह मैंने तो उसे दो बार खोया।

मारिया : वह आपको अपनी सारी सम्पत्ति देना चाहते थे। आप दोनों को खुश करना चाहते थे। और वह अकेले, अपने कमरे में बैठकर इसी बारे में सोच रहे थे, जबकि आप उनकी मौत की तैयारी कर रही थीं।

मार्था : *(अचानक बड़ी हताश आवाज में)* मैं तुम्हारे पति के साथ भी बराबर हो गई, क्योंकि अब मुझ पर वही दुःख आ पड़ा जो उसे बींध रहा था। मैं भी उसकी तरह समझती थी कि मेरा घर है। मैं सोचती थी, पाप ही हमारा परिवार है और उसी से हम—मेरी माँ और मैं—सदा के लिए बँधे हुए हैं। नहीं तो मैं इस दुनिया में, और किसके सहारे रहती अगर उसके नहीं जिसने मेरे साथ मिलकर, एक ही समय में हत्याएँ की थीं। लेकिन यह तो मेरा भ्रम था। पाप भी एक तरह का अकेलापन है, चाहे उसे हजारों आदमी मिलकर करें। और अब यही ठीक है कि

अकेले जीने और अकेले हत्या करने के बाद, मैं अकेले ही मरूँ।

[आँसुओं से रोते हुए मारिया उसकी तरफ बढ़ती है।]

(पीछे हटकर अपनी स्वाभाविक सख्त आवाज में) मुझे मत छुओ, मैं आपसे पहले भी कह चुकी हूँ। यह सोचकर कि कोई मानवीय हाथ मेरे मरने से पहले मुझे अपना स्नेह दे सकता है, यह सोचकर कि वह ऐसी कोई भी चीज, जो पुरुष के घृणित प्यार से जरा भी मिलती हो, अब भी मेरा पीछा कर सकती है; गुस्से से मेरा खून उबलकर कनपटियों तक चढ़ जाता है।

[दोनों एक-दूसरे के बिलकुल पास, आमने-सामने खड़ी हो जाती हैं।]

मारिया : डरिए नहीं। मैं आपको वैसे ही मरने दूँगी जैसे आप चाहती हैं। मैं तो अब अन्धी हो गई हूँ आपको देख ही नहीं पा रही। और न तो आपकी माँ, और न आप, मेरे लिए कभी उन क्षण-स्थायी चेहरों के अलावा कुछ और हो सकेंगी जो एक ऐसी दर्द-भरी कहानी के दौरान, जो कभी खत्म नहीं होगी, मिलते हैं और बिछुड़ जाते हैं। आपके लिए मेरे हृदय में न घृणा है, न सहानुभूति। अब मैं किसी से भी न तो प्यार

कर सकती हूँ, न नफरत। *(अचानक अपना चेहरा दोनों हाथों में छुपा लेती है)* सचमुच, दर्द महसूस करने या विद्रोह करने का मुझे समय ही नहीं मिल पाया। मेरा दुर्भाग्य मुझसे कहीं ज्यादा बड़ा निकला।

[मार्था, जो घूमकर कुछ कदम दरवाजे की ओर उठा चुकी थी, वापस मारिया की ओर आती है।]

मार्था : लेकिन, वह फिर भी इतना बड़ा नहीं था, क्योंकि रोने के लिए अभी तुम्हारे पास आँसू बचे हुए हैं। और मैं देख रही हूँ हमेशा के लिए तुम्हारे पास से जाने से पहले मुझे कुछ और करना बाकी है। अभी तुम्हें कुछ और दु:ख देना जरूरी है।

मारिया : *(उसे भय से देखते हुए)* ओह, छोड़ दो मुझे, तुम जाओ, छोड़ दो मुझे।

मार्था : मैं तुम्हें जल्दी ही छोड़ दूँगी, और तब वास्तव में, मुझे भी चैन मिलेगा, क्योंकि तुम्हारा यह प्यार और तुम्हारी सिसकियाँ मुझसे सहन नहीं हो रहे। लेकिन मैं तुम्हें इस विश्वास में छोड़कर नहीं मर सकती, जिससे तुम समझो कि तुम्हारे विचार ठीक थे, और कि प्यार नि:सत्व नहीं होता, या कि यह सब एक क्रमविहीन संयोग था। क्योंकि अब जाकर ही तो हम एक क्रम पर पहुँच सके हैं। तुम्हें उसमें यकीन करवाना जरूरी है।

मारिया : कैसा क्रम?

मार्था : वही जिसमें किसी के भी अस्तित्व को पहचाना नहीं जाता।

मारिया : *(खोई-सी)* मुझे कोई फर्क नहीं पड़ता। मैं तो तुम्हारी बात सुन भी नहीं रही। मेरा दिल टूट चुका है, इसमें सिर्फ उस एक को जानने की इच्छा थी, जिसे तुमने मार दिया।

मार्था : *(उत्तेजित होकर)* चुप रहो। मैं अब उसका नाम भी सुनना नहीं चाहती। मुझे उससे नफरत है। तुम्हारे लिए भी अब वह कुछ नहीं है। वह उस कष्टदायक स्थान में चला गया है, जहाँ हमने उसे हमेशा के लिए निर्वासित कर दिया है। मूर्ख! उसके पास वह सब था, जो उसने चाहा। उसे वह भी मिल गई जिसे उसने ढूँढ़ा। अब हम सब एक ही सिलसिले में पहुँच गए। तुम यह अच्छी तरह समझ लो कि न उसके लिए, न हमारे लिए; न जिन्दगी में, न मौत में; न कोई जन्मभूमि होती है, न शान्ति। *(तिरस्कार से हँसकर)* क्योंकि हम उस नीरव जगह को, जहाँ कोई रोशनी नहीं होती और जहाँ हम अन्धे जानवरों का पेट भरने जाते है, जन्मभूमि नहीं कह सकते।

मारिया : *(आँसू बहाते हुए)* हे भगवान, मैं नहीं सुन सकती, बिलकुल नहीं सुन सकती इस तरह की बातें। वे

भी यह सहन नहीं कर पाते! वे तो यहाँ से किसी और देश के लिए प्रस्थान कर गए हैं।

मार्था : *(दरवाजे तक पहुँचकर तेजी से पीछे मुड़ते हुए)* इस मूर्खता को अपनी मजदूरी मिल गई। शीघ्र ही तुम्हें भी मिल जाएगी। *(उसी तरह हँसकर)* मैं कहती हूँ हमारे साथ धोखा हुआ है। क्या फायदा है जीवन की इतनी चाह का, आत्मा की इतनी पुकार का? क्या जरूरत है समुद्र का इतना सपना देखने की, या प्यार की आस रखने की? ये उपहासजनक है। तुम्हारे पति को अब इसका जवाब मिल गया है, वह डरावना मकान, जहाँ हम सब अन्त में एक-दूसरे से सटकर पड़े होंगे। *(नफरत से)* तुम भी वहाँ पहुँच जाओगी, और अगर तुम्हारे लिए यह सम्भव हुआ तो तुम बड़े चाव से इस दिन को याद करोगी जब तुम समझती हो कि तुम सबसे ज्यादा यातनापूर्ण निर्वासन में जा रही हो। याद रखना, तुम्हारा दर्द कभी उस अन्याय के बराबर नहीं होगा जो इनसान के प्रति किया जाता है और अन्त में मेरी यह सलाह सुनो। मैं तुम्हें एक सलाह तो दे ही सकती हूँ क्योंकि मैंने तुम्हारे पति को मारा है।

अपने भगवान से प्रार्थना करना कि वह तुम्हें पत्थर जैसा सख्त बना दे। यही एक खुशी वह अपने साथ रखता है और यही एक सच्ची खुशी है। उसी की

तरह तुम भी करो, हर पुकार के प्रति अपने कान बन्द कर लो और समय रहते पत्थरों से जा मिलो। लेकिन अगर तुममें इस मूक शान्ति को अपनाने का साहस नहीं है तो आ जाओ हमारे साथ हमारे सामूहिक घर में। अलविदा, मेरी बहन! तुम देख रही हो सब कुछ कितना आसान है। तुम्हें सिर्फ एक पत्थर की बेअक्ल खुशी और एक कीचड़-भरे बिस्तर के बीच, जहाँ हम तुम्हारा इन्तजार करेंगे, अपनी पसन्द तय करनी है।

[वह चली जाती है और मारिया, जो यह सब अचेत अवस्था में सुन रही थी, दुविधा में वहीं खड़े-खड़े एक झोंका-सा खाती हुई अपने हाथ आगे बढ़ाती है।]

मारिया : *(चिल्लाकर)* हे मेरे भगवान! मैं इस वीरान में नहीं जी सकती। मैं अब तुमसे बात करूँगी और तुममे ही मुझे शब्द मिलेंगे। *(घुटनों के बल बैठ जाती है)* हाँ! मैं अब तुम्हारी शरण आ गई हूँ। मुझ पर दया करो, मेरी ओर देखो भगवान! मेरी पुकार सुन लो, मुझे सहारा दो। उन पर दया करो, प्रभो, जो एक-दूसरे से प्यार करते हैं और बिछुड़ गए हैं।

[दरवाजा खुलता है और वृद्ध सेवक दिखाई पड़ता है।]

दृश्य : चार

वृद्ध : *(साफ और सख्त आवाज में)* आपने मुझे बुलाया?

मारिया : *(उसकी ओर घूमकर उसे देखते हुए)* ओह! मुझे याद नहीं, लेकिन मेरी मदद कीजिए, क्योंकि मुझे आपकी मदद की जरूरत है। दया करिए और मेरी मदद कीजिए।

वृद्ध : *(उसी आवाज में)* नहीं!

[पर्दा]